Erfolgreiche Kundenrückgewinnung

Lizenz zum Wissen.

Matthias Neu • Jana Günter

Erfolgreiche Kundenrückgewinnung

Verlorene Kunden identifizieren,
halten und zurückgewinnen

Matthias Neu
Jana Günter

Hochschule Darmstadt
Campus Dieburg
Dieburg
Deutschland

ISBN 978-3-658-04806-8   ISBN 978-3-658-04807-5 (eBook)
DOI 10.1007/978-3-658-04807-5

Die Deutsche Nationalbibliothek verzeichnet diese Publikation in der Deutschen Nationalbiblio-
grafie; detaillierte bibliografische Daten sind im Internet über http://dnb.d-nb.de abrufbar.

Springer Gabler
© Springer Fachmedien Wiesbaden 2015

Springer Gabler ist eine Marke von Springer DE. Springer DE ist Teil der Fachverlagsgruppe
Springer Science+Business Media
www.springer-gabler.de

Vorwort

Im Rahmen des Kundenmanagements wurde in den vergangenen Jahren sehr viel Wert auf die Akquisition von neuen Kunden und die Kundenbindung gelegt, doch in der Literatur wurde die Kundenrückgewinnung bislang vernachlässigt.

Mit der vorliegenden Monographie wird die Relevanz eines systematischen Kundenrückgewinnungsmanagements dargestellt. Praktiker können Handlungsempfehlungen ableiten, um im Alltag ein systematisches Kundenrückgewinnungsmanagement umzusetzen und so mit der richtigen Strategie bereits verloren geglaubte Kunden zurückzugewinnen. Darüber hinaus werden auch personalpolitische Aspekte einbezogen, da Mitarbeiter einen wesentlichen Teil zum Implementierungserfolg eines Kundenrückgewinnungsmanagements beitragen.

Generell richtet sich das Buch an alle Interessenten der Thematik Kundenrückgewinnung. Dabei werden sowohl Fachleute aus der betrieblichen Praxis als auch Wissenschaftler und Studierende angesprochen. Praktiker erhalten Tipps, wie sie Kunden zurückgewinnen können. Herzlichen Dank an Angela Meffert und dem gesamten Gabler Verlag für die gute und vertrauensvolle Zusammenarbeit.

Darmstadt, im Winter 2014

Matthias Neu
Jana Günter

V

Inhaltsverzeichnis

Abbildungsverzeichnis

Abkürzungsverzeichnis

Aufl.	Auflage
bspw.	beispielsweise
bzw.	beziehungsweise
CLV	Customer Lifetime Value
CRM	Customer Relationship Management
d. h.	das heißt
DV	Datenverarbeitung
e. V.	Eingetragener Verein
EDV	Elektronische Datenverarbeitung
et al.	et alii (und andere)
etc.	et cetera (und so weiter)
evtl.	eventuell
f.	folgende
ff.	fortfolgende
Hrsg.	Herausgeber
i. A.	im Allgemeinen
Jg.	Jahrgang
KR	Kundenrückgewinnung
KRM	Kundenrückgewinnungsmanagement
Nr.	Nummer
S.	Seite
u. a.	unter anderem
vgl.	vergleiche
z. B.	zum Beispiel

Einleitung

Die Erkenntnis, dass mit Hilfe einer starken Kundenorientierung der Erfolg eines Unternehmens steigt, hat sich in den vergangenen Jahren in den Managementetagen durchgesetzt. Bisher lag der Fokus jedoch fast ausschließlich auf den Strategien und Maßnahmen zur Neukundenakquisition und auf der Festigung der Kundenbindung. Die Neukundengewinnung ist mit einem großen Akquisitionsaufwand sowie mit hohen Kosten verbunden, was nicht zuletzt auf den stetig wachsenden Konkurrenzkampf am Markt zurückzuführen ist. Ist der Kunde einmal gewonnen, setzen die Unternehmen kontinuierliche Kundenbindungsmaßnahmen ein. Aber selbst gebundene Kunden sind kein verlässlicher Indikator für die Qualität der Geschäftsbeziehung (vgl. Reichheld 1996, S. 59).

Durch den steigenden globalen Wettbewerb und die wachsende Homogenität von Gütern und Dienstleistungen entwickelt der Konsument eine sinkende Loyalität gegenüber seinen Anbietern und ist durchaus bereit, diesen zu wechseln (vgl. Büttgen 2003, S. 60–76). Die Ursachen hierfür liegen in der zunehmenden Transparenz von Informationen, der höheren Mobilität der Nachfrager, einem gestiegenen Anspruchsniveau und dem Bedürfnis nach Abwechslung der Kunden (Variety-Seeking) (vgl. Homburg et al. 2003, S. 57). Das Resultat dessen sind hohe Abwanderungsquoten, die bis zu 66 % betragen (vgl. Griffin und Lowenstein 2001, S. 5). Der ökonomische Schaden bezieht sich dabei auf die entgangenen zukünftigen Umsätze bzw. Deckungsbeiträge der verlorenen Kunden sowie auf die Kosten der Neukundengewinnung zur Erhaltung der Kundenbasis (vgl. Pick und Krafft 2009, S. 121; Liswood 1990, S. 94). Ferner ist von abgewanderten bzw. unzufriedenen Kunden auch von einer negativen Mund-zu-Mund-Propaganda auszugehen.

© Springer Fachmedien Wiesbaden 2015
M. Neu, J. Günter, *Erfolgreiche Kundenrückgewinnung*,
DOI 10.1007/978-3-658-04807-5_1

Die Rückgewinnung von Kunden ist dann attraktiv, wenn in der Vergangenheit positive Erfahrungen zwischen Kunde und Unternehmen gesammelt wurden. Gespeicherte Erinnerungen an die zufriedenen Zeiten der Geschäftsbeziehung müssen deshalb erneut geweckt werden (vgl. Stauss und Friege 2003, S. 525). Zurückgewonnene Kunden weisen häufig eine höhere Bindungsdauer als Neukunden auf (vgl. Neu 2011). Die Profitabilität von zurückgewonnenen Kunden wird zudem durch eine geringere Preissensibilität sowie eine erhöhte Weiterempfehlungs- und Cross-Buying-Bereitschaft[1] bekräftigt (vgl. Michalski 2002; Sieben 2002). Bei Rückgewinnungsquoten von bis zu 80 % (vgl. Neu 2011) sprechen viele Argumente für die Anwendung eines systematischen Kundenrückgewinnungsmanagements.

Vor diesem Hintergrund scheint es sinnvoll zu sein, dem ökonomisch attraktiven Segment der abgewanderten Kunden eine besondere Aufmerksamkeit zu schenken und eine systematische Kundenrückgewinnung als dritte Säule neben dem Interessenten- und Kundenbindungsmanagement in das Gesamtkonzept des Customer-Relationship-Managements zu etablieren. Die punktuelle und unsystematische Rückgewinnung von Kunden wird dann durch ein systematisches Kundenrückgewinnungsmanagement ersetzt.

Das Ziel des Buches ist es, einen generellen Überblick über das Thema Kundenrückgewinnungsmanagement zu geben sowie das allgemeine Verständnis über den mehrstufigen Kundenrückgewinnungsprozess und dessen systematischen Ablauf zu fördern. Des Weiteren gilt es, die Notwendigkeit und den Implementierungsbedarf eines systematischen Kundenrückgewinnungsmanagements herauszuarbeiten. Dabei werden auch personalpolitische Aspekte und Voraussetzungen in Bezug auf das Kundenrückgewinnungsmanagement aufgezeigt. Nicht zuletzt unterstützen praxisbezogene Beispiele das Verständnis einer erfolgreichen Kundenrückgewinnung und deren Umsetzung.

Der Aufbau des Buches ist wie folgt:

Zunächst werden die Aspekte einer erfolgreichen Kundenbeziehung mit Hilfe der Charakterisierung von Kundenzufriedenheit, Loyalität sowie Kundenbindung und deren Einflussfaktoren dargelegt.

Zum besseren Verständnis der Thematik wird in Kapitel drei die Kundenrückgewinnung als Bestandteil des Customer Relationship Managements (CRM) vorgestellt. Dazu werden die Grundlagen und die Einordnung des Kundenrückgewinnungsmanagements (KRM) erarbeitet. Folgend werden dessen Bedeutung und Ziele geklärt. Danach erfolgt ein Überblick zum aktuellen Stand und zu den Perspektiven der Kundenrückgewinnung (KR).

---

[1] Zusatzkaufverhalten des Kunden gegenüber dem Anbieter (vgl. Ngobo 2004, S. 1130–1131).

Des Weiteren werden in Kapitel vier die Phasen des Kundenrückgewinnungs-prozesses aus der idealtypischen Sichtweise detailliert dargestellt. Die erste Phase besteht in der Identifizierung der verlorenen Kunden, welche sich aus der Analyse der Abwanderungsursachen, Methoden der Abwanderungsanalyse, Segmentierung durch Kundenwertanalyse und das Rückgewinnungsportfolio als Segmentierungs-ergebnis zusammensetzt. In Phase zwei stehen die Maßnahmen zur KR im Fokus. Zunächst wird erläutert, wie der richtige Zeitpunkt der Kontaktaufnahme bestimmt werden kann. Danach werden Aspekte zur Kontaktaufnahme mittels Dialogmar-keting und der Faktor Problembehebung vorgestellt. Es folgt eine Betrachtung des jeweils richtigen Rückgewinnungsangebots unter Berücksichtigung der ver-schiedenen Rückgewinnungsstrategien. In der letzten Phase liegt das Augenmerk auf der Kontrolle des KRM. Es wird auf die Kosten- und Nutzenaspekte, auf die Verwaltung der Rückgewinnungsinformationen und die Eingliederung der zurück-gewonnenen Kunden eingegangen.

In Kapitel fünf werden Unternehmens- und personalpolitische Voraussetzungen für eine erfolgreiche KR geklärt. Dabei werden die notwendigen Rahmenbedin-gungen zur Implementierung eines Rückgewinnungsmanagements sowie das rich-tige Führungsverhalten und die Integration der Mitarbeiter in die Strategiesuche der KR betrachtet. Zudem wird der Faktor des richtigen Kommunizierens als Not-wendigkeit im KRM genauer untersucht.

Das sechste Kapitel behandelt das Thema Kündigungsprävention. Zunächst werden die Grundlagen der Thematik aufgeführt. Im Anschluss wird komprimiert auf die Identifikation von abwanderungsgefährdeten Kunden mit Hilfe von Churn Management eingegangen. Es folgt die Darstellung von Möglichkeiten, Kunden-loyalität zu optimieren. Zuletzt wird in diesem Kapitel die Basis eines aktiven Be-schwerdemanagements erarbeitet.

Abschließend werden die wichtigsten Erkenntnisse zusammengefasst und Rückschlüsse auf das gesamte KRM gezogen und es werden Handlungsempfeh-lungen gegeben.

Literatur

Büttgen, M. (2003). Recovery Management – systematische Kundenrückgewinnung und Abwanderungsprävention zur Sicherung des Unternehmenserfolges. *Die Betriebswirt-schaft, 63*(1), 60–76.

Griffin, J., & Lowenstein, M. V. (2001). *Customer winback: How to recapture lost customers – And keep them loyal.* San Francisco: Jossey-Bass.

Homburg, C., Fürst, A., & Sieben, F. (2003). Willkommen zurück. *Harvard Business Ma-nager, 12,* 57–67.

Liswood, L. (1990). *Serving them right: Innovative and powerful customer retention strategies*. New York: Longman.

Michalski, S. (2002). *Kundenabwanderungs- und Kundenrückgewinnungsprozesse: eine theoretische und empirische Untersuchung am Beispiel von Banken*. Wiesbaden: Gabler.

Neu, M. (2011). Empirische Untersuchung zum Thema Kundenrückgewinnungsmanagement. Ergebnisse.

Ngobo, P. V. (2004). Drivers of customers' cross-buying intentions. *European Journal of Marketing, 38*(9/10), 1129–1157.

Pick, D., & Krafft, M. (2009). Status quo des Rückgewinnungsmanagements. In J. Link & F. Seidl (Hrsg.), *Kundenabwanderung. Früherkennung, Prävention, Kundenrückgewinnung. Mit erfolgreichen Beispielen aus verschiedenen Branchen* (S. 121–136). Wiesbaden: Gabler.

Reichheld, F. (1996). Learning from customer defections. *Harvard Business Review, 2*, 56–70.

Sieben, F. G. (2002). *Rückgewinnung verlorener Kunden. Erfolgsfaktoren und Profitabilitätspotenziale*. Wiesbaden: Gabler.

Stauss, B., & Friege, C. (2003). Kundenwertorientiertes Rückgewinnungsmanagement. In B. Günter & S. Helm (Hrsg.), *Kundenwert. Grundlagen – Innovative Konzepte – Praktische Umsetzungen* (S. 523–544). Wiesbaden: Gabler.

Die optimale Gestaltung der Kundenbeziehung

Die kundenorientierte Ausrichtung eines Unternehmens kann als Erfolgsgarant für das Bestehen am Markt betrachtet werden (vgl. Bruhn 2012, S. 1). Eine optimale Gestaltung der Kundenbeziehung trägt zum Aufbau sowie zur Festigung der Kundenzufriedenheit und zu einer langanhaltenden Loyalität bei. Resultate dessen sind eine gefestigte Kundenbindung und die Einstellung positiver Faktoren, wie bspw. eine Steigerung der Wiederkaufsrate oder Cross-Selling-Potenziale. Ferner darf die kostenfreie Werbeleistung der positiven Mundpropaganda, entstehend durch einen zufriedenen Kunden, nicht unterschätzt werden. Mit Hilfe einer ganzheitlich kundenorientierten Unternehmensausrichtung durchläuft ein Kunde eine Wirkungskette, die die Entwicklung einer Kundenbindung und den daraus resultierenden ökonomischen Erfolg des Unternehmens gewährleistet (vgl. Bruhn 2012; Michalski 2002; Sieben 2002; siehe Abb. 2.1).

1. Die kundenorientierte Unternehmensausrichtung geht sehr stark auf die Wünsche und Bedürfnisse des Kunden ein. Eine individuelle Leistung wird dem Kunden bereits während seines Erstkontaktes geboten. Durch den Erstkontakt wird die Wirkungskette angestoßen.
2. In der zweiten Phase bewertet der Kunde die in Anspruch genommene Leistung und bildet sich folglich sein Zufriedenheitsurteil.
3. Wenn der Kunde mit dem Unternehmen und der Leistung zufrieden ist oder seine Erwartungen übertroffen wurden, kann in diesem Schritt Kundenloyalität entstehen.

© Springer Fachmedien Wiesbaden 2015
M. Neu, J. Günter, *Erfolgreiche Kundenrückgewinnung,*
DOI 10.1007/978-3-658-04807-5_2

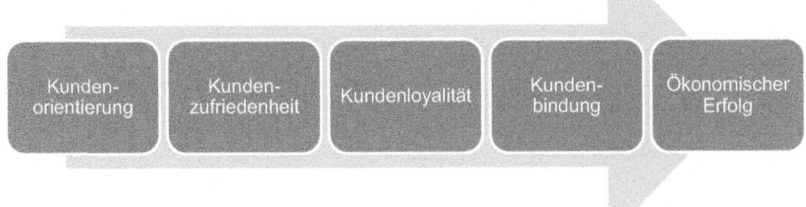

Abb. 2.1 Wirkungskette der Kundenbindung. (Quelle: in Anlehnung an Bruhn 2008, S. 37, 2009, S. 66)

4. Die Kundenbindung wird in dieser Phase realisiert, wenn sich die positive Einstellung des Kunden gegenüber dem Unternehmen bspw. in Wiederholungskäufen oder Weiterempfehlungen äußert.
5. Abschließend wird die Wirkungskette durch den ökomischen Erfolg vollendet, welcher aus den positiven Effekten der Kundenbindung resultiert (vgl. Bruhn und Homburg 2000, S. 9).

Demnach sind besonders Unternehmen, die sich nicht ausschließlich an einer kurzfristigen Profitabilität des Kunden orientieren, erfolgreich.

2.1 Kundenzufriedenheit

Der Kunde gehört zu den zentralen Bestandteilen des immateriellen Vermögens des Unternehmens. Aus diesem Grund gilt es, dessen Zufriedenheit auf einem kontinuierlich hohen Niveau zu halten (vgl. Nerdinger und Neumann 2007, S. 128). Zum besseren Verständnis des Begriffs Kundenzufriedenheit wird dieser im Folgenden definiert:

▶ **Kundzufriedenheit** beschreibt das Verhältnis zwischen Kundenerwartung und Bedürfnisbefriedigung. Zufriedenheit des Kunden entsteht als Empfindung durch seinen Vergleich von wahrgenommenem Wertgewinn (als Resultat des Kaufs) und erwartetem Wertgewinn (vor dem Kauf).

Wenn ein Kunde seine Erwartungen an die Leistung erfüllt sieht, also der Ist-Zustand dem Soll-Zustand gleicht, ist der Kunde zufrieden. Man spricht von Konfirmation. Wenn die Erwartungen übertroffen werden, wird der Kunde begeistert.

Hier wird auch von positiver Diskonfirmation gesprochen. Wenn die Erwartungen dagegen nicht erfüllt werden, die Ist-Leistung unter der Soll-Leistung liegt, wird der Kunde enttäuscht oder er befindet sich im Zustand der negativen Diskonfirmation (vgl. Meffert und Bruhn 2000, S. 156).

Anhand der Abb. 2.2 lässt sich ebenfalls verdeutlichen, dass eine Kundenzufriedenheit einen weitreichenden Einfluss auf ein Unternehmen und dessen ganzheitlichen Erfolg hat.

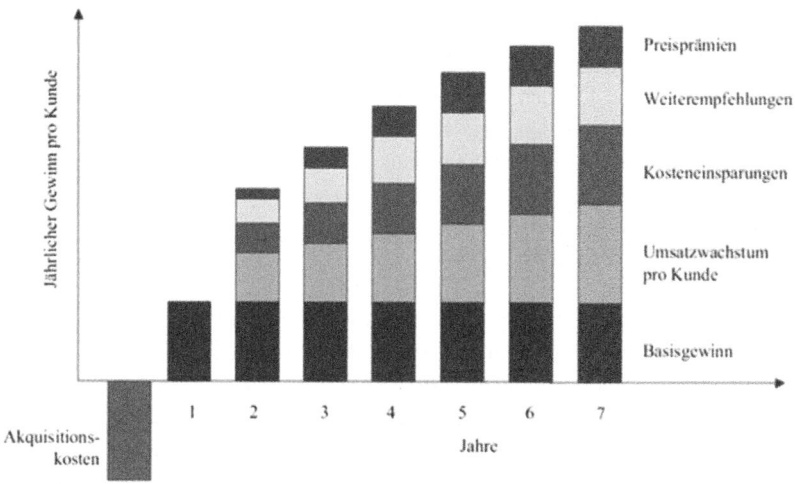

Abb. 2.2 Monetärer Nutzen langfristiger Kundenbeziehungen. (Quelle: Reichheld 1997, S. 52)

Mit zunehmender Dauer einer Geschäftsbeziehung steigt der Wert eines Kunden an, wodurch sich wiederum ein wachsender Gewinn für das Unternehmen einstellt (vgl. Reichheld und Sasser 1990). Die Tatsache, dass zufriedene Kunden ein Unternehmen und dessen Angebot weiterempfehlen, spielt dabei eine Rolle. Des Weiteren nimmt die Wiederkaufsrate durch Zufriedenheit und das Vertrauen des Kunden zu. Auch spart das Unternehmen Marketing- und Vertriebskosten für eine Aufrechterhaltung der Kundenbeziehung ein, da diese bereits gänzlich gefestigt ist. Zudem reagieren Stammkunden weniger sensibel auf Preisschwankungen als Neukunden (vgl. Hummel und Malorny 2002, S. 43). Es wird auch deutlich, dass sich die eingesetzten Akquisitionskosten sowie die Mittel für den Erhalt und Ausbau der Geschäftsbeziehung auf Dauer auszahlen (vgl. Hougaard und Bjerre 2002, S. 99).

Für Unternehmen ist es äußerst rentabel, in eine gute Kundenbeziehung zu investieren, denn es ist 600 % teurer, einen neuen Kunden zu gewinnen, als einen bestehenden zu halten (vgl. Töpfer 1996, S. 26).

Die Zufriedenheit eines Kunden ist ein entscheidender Aspekt in Bezug auf die Entwicklung der Kundenbindung (vgl. Bruhn 2012, S. 97). In der Wissenschaft sowie in der Praxis wird davon ausgegangen, dass die Kundenzufriedenheit einen primären Faktor zur Bestimmung der Kundenbindung darstellt (vgl. Herrmann und Johnson 1999, S. 579). In vielen empirischen Untersuchungen ist ein positiver Zusammenhang zwischen Kundenzufriedenheit und der daraus entstehenden Kundenbindung ermittelt worden, wobei der Geschäftsbeziehung ein stetig steigender Umsatz unterstellt wird (vgl. Fischer et al. 2001, S. 1164 f.). Nichtsdestoweniger äußern sich zunehmend Kritiker gegen eine Pauschalisierung des Wirkungszusammenhangs zwischen Kundenzufriedenheit und Kundenbindung. Aus verschiedenen Quellen wird ersichtlich, dass Kundenzufriedenheit zwar keine Kundenbindung garantiert, jedoch eine Voraussetzung dafür ist (vgl. Hippner 2006, S. 31).

2.2 Kundenloyalität

Ist ein Kunde mit einem Unternehmen und dessen Leistung zufrieden oder werden dessen Erwartungen womöglich übertroffen, kann sich eine Kundenloyalität entwickeln. Dies bedeutet, dass der Kunde dem Unternehmen gegenüber Akzeptanz und Vertrauen aufbaut, was in einer allgemeinen positiven Einstellung resultiert (vgl. Homburg und Bruhn 2005, S. 10). Durch das Entstehen der Kundenloyalität sinkt die Gefahr einer Wechselbereitschaft. Der Begriff Kundenloyalität beinhaltet nach Schüller (2005) eine freiwillige Bindung des Kunden, d. h. eine emotionale Verbundenheit sowie eine positive Haltung gegenüber dem Unternehmen.

Kundenloyalität kann in eine unfreiwillige, in eine gekaufte und in eine echte Kundenloyalität differenziert werden kann. Eine unfreiwillige Kundenloyalität beruht auf Wechselbarrieren, vertraglichen Bindungen oder sonstigen Zwängen, welche dazu führen, dass eine Kundenbeziehung zunächst aufrechterhalten wird, obwohl eine Unzufriedenheit auf Kundenseite besteht. Eine gekaufte Kundenloyalität ist zwar freiwillig, sie basiert aber nur auf einem materiellen oder preislichen Nutzen für den Kunden. Hierbei besteht die Gefahr, dass der Kunde bei einem besseren Angebot die Leistung eines anderen Unternehmens in Anspruch nimmt. Die echte Kundenloyalität ist dagegen auf emotionale bzw. psychologische Bindungsursachen zurückzuführen. Sie führt beim Kunden zu einem Treueverhalten dem Unternehmen gegenüber und sichert langfristig den Unternehmenserfolg (vgl. Homburg und Lüers 2010, S. 2 f.; Kenning 2002, S. 99).

Daraus resultiert die Tatsache, dass loyale Kunden Wachstum schaffen – unabhängig von der Anzahl der Neukundenakquirierung. Eine Vergrößerung der Kundenbasis ist langfristig jedoch nur erreichbar, wenn bestehende Kunden dem Unternehmen treu bleiben. Folgendes Beispiel illustriert die Profitabilität von Kundenloyalität.

Beispiel für die Profitabilität von Kundenloyalität

Der Versandhandel XY gewinnt jedes Jahr 100 Kunden, jedoch wandern gleichzeitig drei Viertel der Bestandskunden wieder ab. Nach fünf Jahren hat der Versandhandel XY eine Kundenbasis von 200 Kunden aufgebaut. Würde die Abwanderungsrate auf 25 % reduziert, wäre das Unternehmen nach fünf Jahren schon doppelt so groß (vgl. Homburg und Lüers 2010, S. 5).

2.3 Erfolgreiche Kundenbindung und Einflussfaktoren

Die Kundenbindung ist eine psychografische Zielgröße und hat einen grundlegenden Einfluss auf den Erfolg eines Unternehmens (vgl. Grund 1998; Floh 2002). Die Kundenbindung versteht sich nach Diller wie folgt:

▶ **Kundenbindung** umfasst sämtliche Maßnahmen eines Unternehmens, die darauf abzielen, sowohl die Verhaltensabsichten als auch das tatsächliche Verhalten eines Kunden gegenüber einem Anbieter oder dessen Leistungen positiv zu gestalten, um die Beziehung zu diesem Kunden für die Zukunft zu stabilisieren bzw. auszuweiten. (Diller 1995, S. 285)

Feistel (2008, S. 37–100) definiert vier Faktoren, die einen ausschlaggebenden Einfluss auf die Kundenbindung ausüben:

1. **Kundenzufriedenheit**: Besonders in den vergangenen zwei Jahrzehnten hat die Kundenzufriedenheit an Bedeutung gewonnen. Nur ein zufriedener Kunde verweilt in der Unternehmung und bezieht dauerhaft dessen Leistung.
2. **Image**: Das Image eines Unternehmens bzw. einer Marke kann Auswirkungen auf die Kundenzufriedenheit haben, bspw. durch eine positive oder negative Reputation am Markt. Einige Autoren bestätigen anhand von Studien, dass eine direkte Verzahnung zwischen Markenimage und Kundenbindung herrscht. Ein positives Image weckt Vertrauen der Kunden, verstärkt eine positive Einstellung gegenüber dem Unternehmen und fördert somit die Entstehung von Kundenbindung.

3. **Vertrauen**: Vertrauen gilt als wesentliche Determinante für die Entwicklung von Loyalität und kann auch durch Kundenzufriedenheit sowie Markenimage positiv beeinflusst werden. Im Zusammenspiel tragen die Faktoren zum Aufbau einer Kundenbindung bei (vgl. Chauduhuri und Holbrook 2001). Bei der Bildung von Vertrauen spielen das Personal, das im direkten Kundenkontakt steht, sowie ein Systemvertrauen zum Unternehmen und Managementpraktiken (falls bekannt) eine tragende Rolle.

4. **Wechselbarrieren**: Wechselbarrieren können einen positiven Einfluss auf den Zusammenhang von Kundenzufriedenheit und Kundenbindung ausüben. Das bedeutet, der Zusammenhang ist umso stärker, je höher die Wechselbarrieren sind. Jedoch haben Wechselbarrieren nur einen positiven Einfluss auf die Kundenloyalität, wenn freiwillige Wechselhemmnisse für den Kunden bestehen und dieser nicht zur „Treue" gezwungen wird (vgl. Schaller et al. 2006, S. 129).

Zum Aufbau und zur Unterstützung von Kundenbindung dienen umfangreiche Kundenbindungsinstrumente. Diese können zum einen nach einem unterschiedlichen Fokus, wie Interaktion, Zufriedenheit oder Wechselbarrieren, differenziert werden. Zum anderen erfolgt eine weitere Unterteilung in Produkt-, Kontrahierungs-, Distributions-, und Kommunikationspolitik. Der Tab. 2.1 können die Instrumente der Kundenbindung in detaillierter Form entnommen werden.

Der Übergang von Kundenloyalität zu Kundenbindung manifestiert sich in der entwickelten positiven Grundeinstellung des Kunden gegenüber dem Unterneh-

Tab. 2.1 Instrumente der Kundenbindung. (Quelle: in Anlehnung an Homburg und Bruhn 2005, S. 22)

	Fokus: Interaktion	Fokus: Zufriedenheit	Fokus: Wechselbarrieren
Produktpolitik	Focus Groups	Nutzen/Qualität der Kernleistung	Spezielle Normen/ Standards
	Lead User Groups	Serviceleistungen	Markenimage
Kontrahierungs- politik	Kundenkarten mit reiner Informationsfunktion	Zufriedenheitsga- rantien	Rabatt-/ Bonussysteme (loyalitätsorientiert)
Distributionspolitik	Beratungsgespräche	Direktbestellung	Ubiquität
	Verkaufsgespräche	Schnelle, zuverläs- sige Lieferung	Abonnements
Kommunikations- politik	Direct Response Medien	Kundenclubs	Newsletter (individualisiert)
	Direktmedien (online/offline)	Kundenzeitschriften	Beschwerdemanage- ment

men in tatsächlichen Cross-Selling-Käufen, Wiederkäufen sowie in Weiterempfeh-lungen und positiver Mundpropaganda (vgl. Hippner 2006, S. 32).

Beispiel für ökonomischen Erfolg durch begeisterte Kunden
Ein Best-Practice-Beispiel in diesem Zusammenhang ist das Unternehmen Apple Inc., das das Potenzial und die Kraft einer kundenorientierten Unterneh-mensführung umsetzt. So wurde bspw. mit dem iPod nicht nur ein Produkt auf den Markt gebracht, das wegen seiner komfortablen Bedienung und zahlreichen Zusatzservices von den Kunden gut angenommen wurde, sondern Apple trug auch durch sein kostenpflichtiges Musikangebot (iTunes) zur grundlegenden Steigerung der Attraktivität von legalen Download-Möglichkeiten bei. Dem Unternehmen war es möglich, gute Verkaufszahlen umzusetzen und sogar, trotz der Positionierung im Premiumpreisbereich, vorübergehend eine Quasi-Monopolstellung im Markt einzunehmen (vgl. Bruhn 2012, S. 14). Mit Hilfe von begeisterten Kunden stellt sich demnach ein umfangreicher ökonomischer Erfolg ein.

Literatur

Bruhn, M. (2008). *Relationship Marketing. Das Management von Kundenbeziehungen.* München: Vahlen.

Bruhn, M. (2009). *Relationship Marketing. Das Management von Kundenbeziehungen.* München: Vahlen.

Bruhn, M. (2012). *Kundenorientierung. Bausteine für ein exzellentes Relationship Manage-ment (CRM).* München: Deutscher Taschenbuch Verlag.

Bruhn, M., & Homburg, C. (Hrsg.). (2000). *Handbuch Kundenbindungsmanagement. Grund-lagen – Konzepte – Erfahrungen.* Wiesbaden: Gabler.

Chauduri, A., & Holbrook, M. B. (2001). The chain of effects from brand trust and brand ef-fect to brand performance: The role of brand loyalty. *Journal of Marketing, 65*(2), 81–93.

Diller, H. (1995). Beziehungsmanagement. In B. Tietz, R. Köhler, & J. Zentes (Hrsg.), *Handwörterbuch des Marketing* (S. 285–300). Stuttgart: Schäffer-Poeschel.

Feistel, S. G. (2008). *Strategisches Kundenbindungsmanagement. Modellrahmen und em-pirische Evidenz auf Basis einer kausalanalytischen Untersuchung der Mineralölsteuer.* Wiesbaden: Gabler.

Fischer, M., Hermann, A., & Huber, F. (2001). Return on Customer Satisfaction – Wie ren-tabel sind Maßnahmen zur Steigerung der Kundenzufriedenheit. *Zeitschrift für Betriebs-wirtschaft, 10,* 1161–1190.

Floh, A. (2002). Measuring the psychological determinants of customer retention on the WWW. In *Proceedings of the British Academy of Management (BAM) annual conference 2002.*

Grund, M. A. (1998). *Interaktionsbeziehungen im Dienstleistungsmarketing. Zusammen-hänge zwischen Zufriedenheit und Bindung von Kunden und Mitarbeitern.* Wiesbaden: Gabler.

Hermann, A., & Johnson, M. D. (1999). Die Kundenzufriedenheit als Bestimmungsfaktor der Kundenbindung. *Zeitschrift für betriebswirtschaftliche Forschung, 6,* 579–598.

Hippner, H. (2006). CRM – Grundlagen, Ziele und Konzepte. In H. Hippner & K. D. Wilde (Hrsg.), *Grundlagen des CRM. Konzepte und Gestaltung* (S. 15–44). Wiesbaden: Gabler.

Homburg, C., & Bruhn, M. (2005). Kundenbindungsmanagement. Eine Einführung in die theoretischen und praktischen Problemstellungen. In M. Bruhn & C. Homburg (Hrsg.), *Handbuch Kundenbindungsmanagement. Strategien und Instrumente für ein erfolgrei-ches CRM* (S. 3–37). Wiesbaden: Gabler.

Homburg, C., & Lüers, T. (2010). Kundenloyalität im Energiemarkt – Bedeutung und Ein-flussfaktoren. Whitepaper. http://www.homburgpartner.com/fileadmin/image_upload/ CC_EU_Whitepaper_Kundenloyalitaet_im_Energiemarkt_Layout_1.pdf. Zugegriffen: 10. Juni 2013.

Hougaard, S., & Bjerre, M. (2002). *Strategic relationship marketing.* Berlin: Springer.

Hummel, T., & Malorny, C. (2002). *Total quality management.* München: Hanser.

Kenning, P. (2002). Aufbau langfristiger Kundenbeziehung im Handel. In D. Ahlert, J. Be-cker, R. Knackstedt, & M. Wunderlich (Hrsg.), *Customer Relationship Management im Handel* (S. 85–102). Berlin: Springer.

Meffert, H., & Bruhn, M. (2000). *Dienstleistungsmarketing. Grundlagen – Konzepte – Me-thoden.* Wiesbaden: Gabler.

Michalski, S. (2002). *Kundenabwanderungs- und Kundenrückgewinnungsprozesse: eine theoretische und empirische Untersuchung am Beispiel von Banken.* Wiesbaden: Gabler.

Nerdinger, F. W., & Neumann, C. (2007). Kundenzufriedenheit und Kundenbindung. In K. Moser (Hrsg.), *Wirtschaftspsychologie* (S. 127–146). Heidelberg: Springer.

Reichheld, F., & Sasser, W. E. (1990). Zero defections – Quality comes to services. *Harvard Business Review, 68*(5), 105–111.

Reichheld, F. (1997). *Der Loyalitätseffekt. Die verborgene Kraft hinter Wachstum und Ge-winnen und Unternehmenswert.* Frankfurt a. M.: Campus Verlag.

Schaller, C., Stotko, C. M., & Piller, F. T. (2006). Mit Mass Customization basiertem CRM zu loyalen Kundenbeziehungen. In H. Hippner & K. D. Wilde (Hrsg.), *Grundlagen des CRM. Konzepte und Gestaltung* (S. 121–143). Wiesbaden: Gabler.

Schüller, A. M. (2005). *Zukunftstrend Kundenloyalität. Endlich erfolgreich durch loyale Kunden.* Göttingen: Businessvillage.

Sieben, F. G. (2002). *Rückgewinnung verlorener Kunden. Erfolgsfaktoren und Profitabili-tätspotenziale.* Wiesbaden: Gabler.

Töpfer, A. (Hrsg.). (1996). *Kundenzufriedenheit messen und steigern.* Berlin: Luchterhand.

Kundenrückgewinnung als Bestandteil des Customer-Relationship-Managements

Das Erfordernis einer hohen Kundenorientierung entwickelte sich vor allem inner-halb der letzten beiden Jahrzehnte und wird als Customer-Relationship-Manage-ment oder Relationship-Marketing bezeichnet (vgl. Bruhn 2012, S. 7; Michalski 2002, S. 1). Eine wachsende Ausrichtung auf die Kundenwünsche, -bedürfnisse und -zufriedenheit ist auf die hohen Kosten der Neukundengewinnung auf gesät-tigten und wettbewerbsintensiven Märkten zurückzuführen (vgl. Bruhn und Hom-burg 2000, S. 5 f.; Meffert 2000, S. 11 ff.). Zudem spielen Größen wie die zuneh-mende Internationalisierung der Märkte, eine steigende Transparenz der Angebote durch das Internet, eine abnehmende Kundenloyalität und der schnelle technologi-sche Wandel eine große Rolle (vgl. Bruhn 2012, S. 3; Schneider 2008, S. 1). Diese Aspekte haben dazu beigetragen, dass sich ein Wandel im Marketingverständnis eingestellt hat. Der Perspektivenwechsel führte zu einer beziehungs- anstatt trans-aktionsorientierten Marketingausrichtung der Unternehmen. Häufig ist die Rede von einem sogenannten Paradigmenwechsel. Die Konzentration liegt nicht mehr auf den einzelnen Verkaufsabschlüssen, sondern auf der Geschäftsbeziehung zwi-schen Kunde und Unternehmen. Es findet eine zentrale Ausrichtung der unterneh-merischen Aktivitäten in Bezug auf die Wünsche und Bedürfnisse der Kunden statt. Die Notwendigkeit von beziehungsorientiertem Marketing erkannte Leonard Berry schon 1983 und entwickelte das Konzept des Relationship-Marketings (vgl. Schneider 2008, S. 2). Die Kundenbindung rückt als wesentliches Ziel der Mar-ketingaktivitäten in den Mittelpunkt, denn eine erfolgreiche und langfristige Kun-denbeziehung trägt zum Unternehmenserfolg bei (vgl. Homburg und Bruhn 2010).

© Springer Fachmedien Wiesbaden 2015
M. Neu, J. Günter, *Erfolgreiche Kundenrückgewinnung,*
DOI 10.1007/978-3-658-04807-5_3

Der Begriff Relationship-Marketing wird wie folgt definiert:

▶ **Relationship Marketing** umfasst sämtliche Maßnahmen der Analyse, Planung, Durchführung und Kontrolle, die der Initiierung, der Stabilisierung, Intensivierung und Wiederaufnahme [...] von Geschäftsbeziehungen zu den Anspruchsgruppen – insbesondere zu den Kunden – des Unternehmens mit dem Ziel des gegenseitigen Nutzens dienen. (Bruhn 2009, S. 10)

Kundenbeziehungen haben einen dynamischen Charakter. Aus diesem Grund eignet sich der sogenannte Kundenlebenszyklus (auch Kundenbeziehungslebenszyklus genannt) zur Ableitung von verschiedenen Marketingaktivitäten im Rahmen des Relationship-Marketings (vgl. Klee 2000; Stauss 2000c; Bruhn 2009). Hierbei steht die langfristige Steuerung von Kundenbeziehungen im Vordergrund. Der Kundenlebenszyklus geht von einem Zusammenhang zwischen der Verweildauer des Kunden und der Stärke der Geschäftsbeziehung aus. Abbildung 3.1 stellt einen idealtypischen Kundenlebenszyklus dar, der vom Interessentenmanagement über das Kundenbindungsmanagement bis zum Rückgewinnungsmanagement reicht (vgl. Bruhn 2012, S. 9 f.).

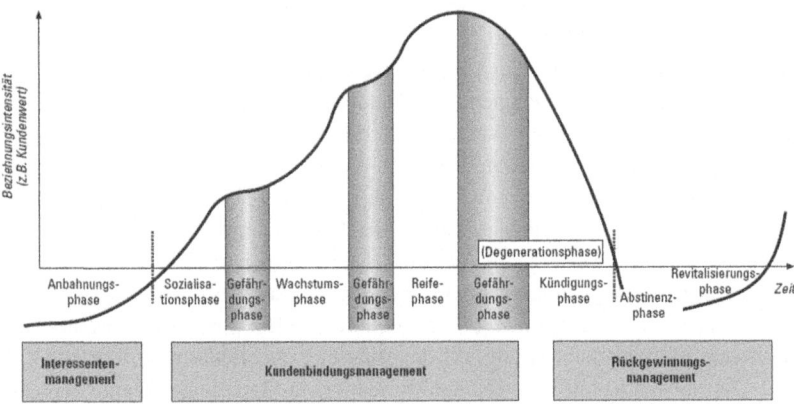

Abb. 3.1 Kundenlebenszyklus. (Quelle: Stauss 2000d, S. 16)

Da der Kundenlebenszyklus lediglich einen idealtypischen Ablauf einer Geschäftsbeziehung darstellt, kann er in der Praxis variieren. Abweichungen in der Ausprägung, Dauer und Existenz der Phasen können von Produkt und Unternehmen abhängig sein. Deshalb muss nicht jeder Kunde grundlegend alle Phasen während der Kundenbeziehung durchlaufen. Auf die verschiedenen Phasen des Kundenbeziehungslebenszyklus wird im nachfolgenden Abschn. 3.1 näher eingegangen.

Vorwegzunehmen ist die Tatsache, dass die Mehrheit der Unternehmen der letzten Phase des Kundenlebenszyklus bis dato die geringste Aufmerksamkeit schenken. Jedoch sind ein positiver Veränderungsprozess und ein wachsendes Interesse
in diesem Themengebiet festzustellen (vgl. Michalski 2002, S. 1).

3.1   Grundlagen und Einordnung des Kundenrückgewinnungsmanagements

Der Bereich der Kundenrückgewinnung (KR) ist noch nicht weitreichend erforscht.
In der Literatur gibt es deshalb keine einheitliche Begriffsdefinition (vgl. Sieben
2002, S. 40). Der Begriff Kundenrückgewinnungsmanagement (KRM) wird von
Michalski wie folgt definiert:

► Das **Rückgewinnungsmanagement** umfasst die Konzeption sowie Implementierung eines Unternehmensprozesses, der darauf abzielt, eine kundenseitig beendete und aus Unternehmenssicht profitable Kundenbeziehung zu reaktivieren.
(Michalski 2002, S. 12)

Den Begriff Kundenrückgewinnung (KR) definiert Michalski folgendermaßen:

► **Kundenrückgewinnung** umfaßt sämtliche Maßnahmen eines Unternehmens,
die darauf abzielen, dass eine durch den Kunden beendete Geschäftsbeziehung erneut aufgenommen wird. (Michalski 2002, S. 11)

Bei der KR handelt es sich um ein Marketingziel eines Unternehmens und sie muss
neben der Neukundenakquisition und Kundenbindung in das Zielsystem integriert
werden. Bei Rückgewinnungsmanagement geht es um die Art und Weise, wie das
Ziel der KR erlangt werden kann bzw. soll (vgl. Michalski 2002, S. 11).
  Eine andere Definition des Rückgewinnungsmanagements, dargelegt von
Stauss, lautet wie folgt:

► **Kundenrückgewinnungsmanagement** umfasst die Planung, Durchführung
und Kontrolle aller Maßnahmen, die das Unternehmen mit dem Zweck ergreift,
Kunden, die eine Geschäftsbeziehung kündigen, zu halten bzw. Kunden, die die
Geschäftsbeziehung bereits abgebrochen haben, zurückzugewinnen. (Stauss
2000a, S. 456)

Phase im Kundenbeziehungslebenszyklus	Anbahnungsphase	Sozialisationsphase	Wachstums- und Reifephase	Gefährdungsphase	Kündigungsphase	Revitalisierungsphase
Ziel	Anbahnung von neuen Geschäftsbeziehungen	Festigung von neuen Geschäftsbeziehungen	Stärkung von stabilen Geschäftsbeziehungen	Stabilisierung gefährdeter Beziehungen von beschwerdenden Kunden	Verhinderung von Kündigungen	Rücknahme von Kündigungen	Wiederanbahnung der Geschäftsbeziehung
Kundenorientierte Managementaufgabe	Interessentenmanagement	Neukundenmanagement	Zufriedenheitsmanagement	Beschwerdemanagement	Kündigungspräventionsmanagement	Kündigungsmanagement	Revitalisierungsmanagement
	Interessentenmanagement	Kundenbindungsmanagement				Rückgewinnungsmanagement

Abb. 3.2 Kundenmanagement im Kundenlebenszyklus. (Quelle: Stauss 2000d, S. 18)

Zum besseren Verständnis der Einordnung und der Hintergründe des KRM im Beziehungsmarketing werden in Abb. 3.2 die verschiedenen Phasen des Kundenlebenszyklus näher dargestellt.

Die Phase des Interessentenmanagements stellt den Beginn einer Kundenbeziehung dar. Während der Anbahnungsphase erkundigt sich der potenzielle Neukunde über die Produkte bzw. Leistungen des Anbieters, gleichzeitig führt der Anbieter Kundengewinnungsmaßnahmen durch. Das Ende dieser Phase wird mit einem Geschäftsabschluss eingeläutet. Den Übergang zum Kundenbindungsmanagement aufgrund einer positiven Beziehungsentwicklung stellt die Sozialisierungsphase dar. In dieser sammelt der Anbieter erste hilfreiche Informationen über den Kunden, um eine ausgeprägte Geschäftsbeziehung aufzubauen. Die Kundenbindungsphase wird dabei in Wachstums- und Reifephase differenziert und widmet sich aktuellen Kunden (vgl. Stauss 2000b, S. 455). Die Wachstumsphase bezieht sich auf die Stärkung einer stabilen Geschäftsbeziehung und das Ausschöpfen von Kundenpotenzialen. Das Kundenpotenzial ist in der Reifephase bereits ausgeschöpft. Es gilt, die Erlöse, die mit dem Kunden erzielt werden, auf dem erreichten Level zu halten. In der Gefährdungsphase zieht der Kunde bereits in Betracht, die bisher bezogene Leistung des Anbieters nicht mehr zu beanspruchen. Der Anbieter hat in dieser Phase noch die Möglichkeit, den Kunden durch verschiedene Maßnahmen (z. B. kommunikations- oder preispolitische Maßnahmen) wieder für das Unternehmen zu begeistern (vgl. Bruhn 2009).

Mit dem Beginn der Kündigungsphase im Kundenlebenszyklus grenzt Stauss (2000a, S. 454) das Kundenbindungsmanagement und das Rückgewinnungsmanagement, bei dem der Kunde seine Abwanderung dem Unternehmen gegenüber bereits artikuliert hat, voneinander ab. Die Phase des Rückgewinnungsmanagements wird in Kündigungs- und Revitalisierungsphase unterteilt. In der Kündigungsphase hat der Kunde bereits entschieden, die Leistung des Anbieters nicht mehr in Anspruch zu nehmen und die Beziehung zu beenden. Deshalb folgt eine Abstinenz bzw. die Einstellung der Leistungsbeziehung. Im Rahmen der Revitalisierungsphase hat sich der Kunde bzw. ehemalige Kunde bereits vor einiger Zeit von dem Unternehmen abgewandt (vgl. Stauss 2000a, S. 449–471).

KR-Aktivitäten greifen demnach dann, wenn die Beziehungsaktivitäten des Unternehmens gegenüber Kunden nicht erfolgreich waren oder eine Kündigung bevorsteht (vgl. Stauss 2000b, S. 579–582). Das Ziel ist unter anderem eine Wiederaufnahme bzw. Revitalisierung der Geschäftsbeziehung (vgl. Stauss 2000a, S. 453). Das Unternehmen muss einschreiten und den Kunden mittels verschiedener Maßnahmen und Aktivitäten überzeugen, die Kündigung aufzuheben und als Kunde in das Unternehmen zurückzukehren.

Zu den Phasen sind weitere Aspekte hinzuzufügen. Kundenbindungsmanagement konzentriert sich generell auf aktuelle, tendenziell zufriedene Kunden. Aktuelle, jedoch unzufriedene Kunden werden im Beschwerdemanagement berücksichtigt (allerdings erst, wenn eine Unzufriedenheit des Kunden gegenüber dem Unternehmen geäußert wurde). Aktuelle, unzufriedene Kunden, welche sich nicht beschweren, bleiben unberücksichtigt. Das KRM kann ebenfalls präventiv eingesetzt werden. Somit fallen nicht nur bereits abgewanderte, sondern auch aktuelle Kunden in den Bereich des KRM. Hierbei liegt das Augenmerk auf den gefährdeten Kundenbeziehungen. Es handelt sich um aktuelle, unzufriedene Kunden. Aus diesem Grund besteht die Möglichkeit einer Überschneidung mit dem Beschwerdemanagement (vgl. Rutsatz 2004, S. 19 f.). Die Tatsache, dass nur 5 bis 30 % der unzufriedenen Kunden ihre Unzufriedenheit dem Unternehmen durch eine Beschwerde mitteilen, erschwert eine frühzeitige Erkennung einer potenziellen Kundenabwanderung (vgl. Harari 1992, S. 59–60; Rutsatz 2004). Bei gefährdeten Geschäftsbeziehungen hat sich der Kunde bereits mehr oder weniger emotional, kognitiv und extensiv mit der Auflösung der Geschäftsbeziehung befasst. Zudem ist die Loyalität schon im Laufe der Zeit geschrumpft. Die sinkende Loyalität stellt sich häufig mit Beschwerden sowie mit einer eingesetzten negativen Mundpropaganda ein. Es finden jedoch immer noch Transaktionen mit dem Anbieter statt (vgl. Bruhn und Michalski 2005, S. 253). Die Kunden befassen sich bereits mit einer „inneren Kündigung". Diese kann ebenso schnell in einer physischen Abwanderung enden (vgl. Büttgen 2003, S. 62). Nicht selten sind die unzufriedenen Kunden jedoch gewillt, die Kundenbeziehung unter bestimmten Voraussetzungen wieder aufzunehmen (vgl. Mann 2009, S. 165).

Eine Problematik besteht darin, dass häufig nicht genau festgelegt werden kann, ab wann ein Kunde als „verloren" bzw. „abgewandert" gilt. Der Prozess der Kundenabwanderung erstreckt sich meist über einen längeren Zeitraum und beinhaltet mehrere Phasen der psychischen und physischen Abwanderung. Es besteht die Möglichkeit, dass eine „innere Kündigung" (psychische Abwanderung) bereits vor der physischen stattgefunden hat. Vor einer ausdrücklichen Kündigung kann das Unternehmen eine potenzielle Abwanderung nur durch Veränderungen der Verhaltensmuster des Kunden feststellen (vgl. Sieben 2002, S. 42). Zur Feststellung bzw. Analyse einer Kundenabwanderung ist folgende Definition hilfreich:

▶ **Kundenabwanderung** umfasst sämtliche Entscheidungsprozesse sowie Maßnahmen eines Kunden, die letztendlich darin münden, dass die bisherige Geschäftsbeziehung zu diesem Anbieter beendet wird. (Michalski 2002, S. 8)

Zur Klärung der Frage, ab wann ein Kunde aus der Geschäftsbeziehung ausgetreten ist und somit als „verloren" gilt, müssen die Art der Geschäftsbeziehung und die damit zusammenhängende Form der Beendigung ins Auge gefasst werden (vgl. Sieben 2004, S. 42). Es gibt eine Differenzierung zwischen formalisierter und nicht-formalisierter Geschäftsbeziehung. Bei der formalisierten Geschäftsbeziehung besteht ein Vertragsverhältnis zwischen Kunde und Anbieter, und bei der nichtformalisierten besteht kein Vertrag (vgl. Lovelock 1996, S. 39 f.). Formalisierte Geschäftsbeziehungen weisen eine wiederkehrende Leistungsinanspruchnahme auf. Kundendaten werden in Datenbanken angesammelt und zur Beendigung dieser Art von Beziehung ist eine explizite (mündliche oder schriftliche) Kündigung unabdingbar (vgl. Bruhn und Michalski 2001, S. 113).

Eine formalisierte Geschäftsbeziehung gilt als verloren, wenn der Kunde eine Kündigung ausgesprochen hat (mündlich oder schriftlich). Bei einer nicht-formalen Geschäftsbeziehung wird der Kunde als abgewandert angesehen, wenn sich das Nachfrageverhalten in einem bestimmten Zeitraum von dem bisherigen bzw. durchschnittlichen Nachfrageverhalten deutlich differenziert (vgl. Sieben 2002, S. 45).

Wenn Vorgaben entwickelt wurden, ab wann ein Kunde als „verloren" bzw. „abgewandert" gilt, kann das Unternehmen mit den Aktivitäten und Maßnahmen im Zuge des Rückgewinnungsmanagements beginnen. Das KRM hat sein primäres Ziel erreicht, wenn Kunden zurückgewonnen werden konnten.

Die KR-Aktivitäten können mittels der nachstehenden Punkte charakterisiert werden (vgl. Sieben 2002, S. 44).

- Eine Rückgewinnung ist nur sinnvoll, wenn der abgewanderte Kunde an einer Wiederaufnahme der Geschäftsbeziehung interessiert ist, wenn noch immer ein Bedarf der Unternehmensleistung besteht und wenn der Kunde einen gewissen Wert für das Unternehmen verkörpert (vgl. Homburg und Schäfer 1999, S. 5).
- Der Umfang der KR-Aktivitäten kann kundenspezifisch variieren. Dies ist bereits im Vorfeld zu klären und hängt von der Attraktivität des Kunden ab.
- Die Messung des Rückgewinnungserfolgs ist durch vorher festgelegte Kennzahlen zu identifizieren (finanzielle Kennzahlen, unter Berücksichtigung einer zeitlichen Bezugsgröße). So kann bspw. die Anzahl der zurückgewonnen Kunden innerhalb von sechs Monaten ausgewertet werden.
- Eine Rückgewinnung abgewanderter Kunden kann unmittelbar oder mittelbar nach der Kündigung stattfinden. Stauss (2000a, S. 455) spricht bei einer mittelbaren Rückgewinnung auch von einer Revitalisierung ehemaliger Kunden. Im Rahmen der Rückgewinnung bzw. Revitalisierung sind eventuelle rechtlichen Restriktionen unbedingt zu beachten(vgl. Sieben 2002, S. 44).[1]

Ein Kunde gilt als wiedergewonnen, wenn er seine Kündigung aufhebt oder innerhalb eines bestimmten Zeitraums zu einem üblicherweise zu erwartenden Transaktionsmuster zurückkehrt und somit seine Geschäftsbeziehung wieder aufgenommen hat (vgl. Sieben 2002, S. 45.).

Es ist festzuhalten, dass sich die verschiedenen Definitionen von KRM nicht grundlegend unterscheiden. Jedoch gibt es eine differenzierte Ansicht des Begriffs „abgewanderte Kunden". In einigen Publikationen werden Bestandskunden sowie ehemalige Kunden in das Rückgewinnungsmanagement einbezogen. Hingegen bezieht eine andere Autorengruppe nur Kunden ein, die ihre Geschäftsbeziehung ganz und gar gekündigt haben. Die erst genannte Autorengruppe versteht unter abgewanderten Kunden auch solche, die ihre Abwanderung lediglich implizit (Reduktion der Inanspruchnahme der Unternehmensleistung) zum Ausdruck bringen. Die zweite Autorengruppe versteht unter abgewanderten Kunden jene, die eine Kündigung explizit ausgesprochen haben (vgl. Pick und Krafft 2009, S. 122).

---

[1] Vgl. hierzu vertiefend z. B. Läsker 2000, S. 167; Siegert 1997.

Bei nicht-formalen Geschäftsbeziehungen bezieht sich der Begriff „abgewanderte Kunden" im Folgenden auf Kunden, deren übliches Transaktionsmuster bereits für eine gewisse Zeitspanne nicht stattgefunden hat. Bei formalen Geschäftsbeziehungen gelten Kunden durch eine explizite Kündigung als abgewandert.

Im Zusammenhang mit der Vermeidung von Kundenabwanderung hat sich der Begriff „Churn Management" entwickelt. Hierbei handelt es sich um ein Kunstwort, dass sich aus den Wörtern „Change" und „Turn" zusammensetzt. Es bezeichnet den systematischen Versuch, Kundenabwanderung zu vermeiden. Dies betrifft bspw. Branchen, in denen Kunden durch Verträge für eine bestimmte Zeit mit dem Unternehmen verbunden sind. Nach Ablauf der Vertragslaufzeit besteht die Gefahr eines Anbieterwechsels (z. B. bei Handyverträgen). Beim Churn Management sind abwanderungsgefährdete Kunden rechtzeitig, das bedeutet bereits vor Vertragsauslauf, zu identifizieren sowie anzusprechen und vom „Bleiben" zu überzeugen. Im Vorfeld müssen jedoch die Abwanderungswahrscheinlichkeit und der Kundenwert ermittelt werden. Aktivitäten im Rahmen des Churn Managements kommen nur bei rentablen Kunden zur Anwendung. Unprofitablen Kunden wird die Abwanderung durchaus erleichtert (vgl. Schneider 2008, S. 79). Die Inhalte von Churn Management werden in Abschn. 6.1 nochmals komprimiert aufgegriffen.

3.2 Bedeutung und Ziele von Kundenrückgewinnung

Die wachsende Bedeutung eines systematischen KRM für Unternehmen ist unter anderem durch den zunehmenden globalen Wettbewerb in Verbindung mit der steigenden Homogenität von Sachgütern sowie Serviceleistungen bedingt. Außerdem unterstreicht die Tatsache, dass unter den Konsumenten bzw. Kunden eine abfallende Loyalität gegenüber den Anbietern herrscht, die dringende Notwendigkeit und den Implementierungsbedarf eines KRM (vgl. Büttgen 2003, S. 60–76).

Ansteigende Fluktuationsraten haben einen großen Einfluss auf die Profitabilität und Stabilität der Unternehmen (vgl. Schüller 2007, S. 19). Wie eine empirische Studie von Neu (2011) belegt, haben in den letzten Jahren immer mehr Betriebe das Erfordernis eines ausgereiften KRM erkannt. Es wurde festgestellt, dass 2011 60,9 % der befragten Unternehmen Maßnahmen zur KR durchführten. Jedoch erfolgen bei 57,7 % der befragten Firmen die KR-Maßnahmen nur fallweise. Dieses Verhalten überrascht umso mehr, als Sauerbrey und Henning (2000, S. 20) die ökonomische Vorteilhaftigkeit durch die 1:3-Kostenrelation zwischen KR und Neukundenakquisition verdeutlicht haben.

Die Rückgewinnung von Kunden, in Englisch „Customer Recovery", bietet Unternehmen die grundlegende Möglichkeit, Gewinnpotenziale vollkommen auszuschöpfen (vgl. Schüller 2007, S. 19). Es sprechen zudem folgende bedeutsame Argumente für die Auseinandersetzung mit der Materie und für die Einführung eines KRM:

Ein ausgereiftes KRM bietet unter anderem die Möglichkeit eines kontinuierlichen **Wissensmanagements,** indem Verhaltensweisen und Kündigungsgründe fortlaufend erfasst werden und zur Prozessverbesserung beitragen. Daraus resultiert die Chance, Abwanderungsquoten zu senken. Eine grundlegende **Festigung und Verbesserung der Kundenbeziehung** kann ebenfalls durch die Steigerung von Loyalität und Vertrauen entstehen.[2] Für die Erreichung der zuvor genannten Aspekte und zur Vermeidung von Unannehmlichkeiten während der KR ist eine allgemeine Zugänglichkeit der Datenbank für die Mitarbeiter unumgänglich (vgl. Michalski 2002, S. 5). Das KRM hat zudem an Bedeutung gewonnen, da **Ertragseinbußen** durch Kundenabwanderung nicht mehr ganzheitlich durch die Neukundengewinnung kompensiert werden können. Zur Wiederherstellung eines Gleichgewichts trägt ein KRM bei. **Die Wirtschaftlichkeit** eines implementierten KRM kann bereits nachgewiesen werden (vgl. Michalski 2002, S. 5).

Das KRM verfolgt in erster Linie das Ziel, abgewanderte Kunden, die für das Unternehmen von großer Bedeutung sind, wiederzugewinnen, sodass diese die Leistung der Unternehmung wieder in Anspruch nehmen (vgl. Sieben 2002, S. 46). Zusätzlich werden weitere, indirekte und nachgelagerte Ziele angestrebt:

Wiedergewinnung Aufgrund der Abwanderung von Kunden entstehen für die Unternehmen Kosten, die vor allem auf die entgangenen Gewinne aus bestehenden Verträgen zurückzuführen sind. Ganzheitlich sind der Kundenwert, das Referenz- sowie Cross-Selling- und das Informationspotenzial des Kunden zu beachten (vgl. Cornelsen 1998). Da die Kosten der Neukundenakquisition die der KR übersteigen, stellen die Bemühungen, abgewanderte Kunden zurückzugewinnen, ein ökonomisch lukratives Geschäft dar (vgl. Sauerbrey und Henning 2000, S. 7).

Informationsgewinnung Eine Informationsgewinnung zielt auf Wissensvorteile ab (vgl. Michalski 2002, S. 187). Stärken und Schwächen des Leistungsangebotes können aus Kundensicht erfasst werden und zur Optimierung von Prozessen und Angeboten beitragen. Zudem kann dadurch zukünftigen Abwanderungen vorgebeugt werden (vgl. Reichheld und Sasser 1990, S. 106 f.; Stauss 2000a, S. 456).

---

[2] Diese Auswirkung entspricht dem „Recovery Paradoxon", bei welchem die Zufriedenheit des Kunden nach erfolgreicher Wiedergutmachung und Reaktion auf Fehler im Dienstleistungserstellungsprozess über der Ausgangszufriedenheit liegt (vgl. McCoullough 1995).

Schadensminimierung Ein systematisches KRM kann negative Online- und Off-line-Mundpropaganda von abgewanderten Kunden eindämmen oder vollkommen verhindern. Eine negative Erfahrung wird häufiger weitergetragen als eine positive. Hierfür müssen Unternehmen ein Bewusstsein entwickeln (vgl. Hart et al. 1990, S. 153). Wird dieser Aspekt nicht berücksichtigt, könnte die negative Mundpropaganda durch das Weitertragen von Negativreferenzen zu weiteren Umsatzeinbußen führen (vgl. Sauerbrey und Henning 2000, S. 7; Stauss 2000a, S. 456).

Profitabilitätssteigerung Mit Hilfe eines systematischen KRM kann durch die Erhaltung der Deckungsbeiträge und durch eine Weiterführung der Geschäftsbeziehung eine Steigerung des Profitabilitätspotenzials eines bisherigen Kunden erreicht werden. Auf Unternehmensebene trägt die gezielte Rückgewinnung attraktiver, ertragsstarker Kunden zu einer Verbesserung der Kundenstruktur und zur Erhöhung des Umsatzes bei (vgl. Homburg und Werner 1998; Homburg et al. 2001). Mittels einer Reduktion der Abwanderungsquote kann der Kundenstamm und somit ebenfalls der künftige Cashflow des Unternehmens stabilisiert werden. Eine erfolgreiche Rückgewinnung von Kunden hilft letztendlich dabei, die Akquisitionskosten für den Ersatz von abgewanderten Kunden zu vermeiden. Des Weiteren weisen zurückgewonnene Kunden dem Unternehmen gegenüber häufig eine höhere Loyalität auf und bleiben diesem länger treu (vgl. Schüller 2007, S. 19; Stauss 2000a, S. 456).

Zusammenfassend sind die Ziele des KRM folgende (vgl. Sauerbrey und Henning 2000; Stauss 2000a, S. 449–471; Michalski 2002, S. 186 f.):

Ziele des KRM

- Durch die Fortführung von Geschäftsbeziehungen bleibt das Potenzial der zukünftigen Gewinne und Umsätze erhalten.
- Kosten für eine Neukundenakquise, die zum Ersatz der abgewanderten Kunden dient, werden vermieden.
- Negative Mundpropaganda von abgewanderten und unzufriedenen Kunden wird verhindert.
- Eine Analyse der Kündigungsursachen zeigt Potenziale zur Verbesserung von Leistung und zur Reduzierung von Fehlerkosten.
- Leistungs- und Serviceangebot werden optimiert, sodass das Unternehmen den Wünschen, Bedürfnissen und Erwartungen der Kunden in effektiver und effizienter Art und Weise gerecht werden kann.
- Ein fester Kundenstamm aus loyalen Kunden wird aufgebaut.

3.3 Aktueller Stand und Perspektiven des Kundenrückgewinnungsmanagements

Der gegenwärtige Implementierungsstand sowie die Entwicklungen zum KRM lassen sich mit Hilfe der Analyse der Studien von Sauerbrey und Henning (2000) sowie von Neu (2011) ableiten. Die Punkte Erfolgsfaktoren und -quoten, Bindungsdauer von zurückgewonnenen Kunden sowie die Kosten eines KRM werden näher dargestellt. Mittels der aus den Studien gewonnenen Informationen können sowohl Perspektiven als auch Zukunftstendenzen eines systematischen KRM gewonnen werden.

Bei der empirischen Studie von Neu (2011) wurden insgesamt 1500 Fragebögen zum Thema KR an Unternehmen aus diversen Dienstleistungsbranchen versandt. Die Mitarbeiteranzahl der teilnehmenden Unternehmen bewegte sich zwischen 50 und 1000 Personen. Die Rücklaufquote betrug 8,53 %. Durch die Auswertung einer relativ großen Anzahl an Fragebögen sind die Ergebnisse der Studie als weitgehend aussagekräftig zu betrachten.

Im Vergleich hierzu wurden bei der Studie von Sauerbrey und Henning (2000, S. 10 f.) 28 Fragebögen an Unternehmen versendet, die ebenfalls der Dienstleistungsbranche angehören. Die Rücklaufquote betrug 68 %. Aufgrund der Auswertung einer geringen Anzahl von Fragebögen stellt diese Studie eher eine Form der qualitativen Marktforschung dar.

Vor Beginn des Vergleichs ist darzulegen, dass durch die Betrachtung der Studien keine Aussage zum Implementierungsanstieg eines KRM in Unternehmen getroffen werden kann. Die Studie von Neu (2011) sprach eine breite Gruppe von Unternehmen an, ohne die Voraussetzung, dass ein systematisches KRM bereits implementiert sein muss. Die Studie von Sauerbrey und Henning (2000) wurde hingegen in Unternehmen durchgeführt, welche bereits ein systematisches KRM durchführen. Es kann jedoch trotzdem die positive Erkenntnis gewonnen werden, dass im Jahr 2011 69,9 % der befragten Unternehmen KR-Maßnahmen durchführten. Hinzuzufügen ist, dass nur 42,3 % der Studienteilnehmer permanent Maßnahmen ergreifen.

Nach der Studie von Neu (2011) sind Unternehmen aktuell aus diversen Gründen nicht dazu bereit, ein ausgereiftes KRM als dritte Säule neben dem Interessenten- und Kundenbindungsmanagement in ihr unternehmerisches CRM zu implementieren. Gründe sind bspw. mangelndes Personal, nicht vorhandene Rentabilität oder zu hohe Kosten. Des Weiteren halten viele Unternehmen ein KRM für nicht zwingend notwendig. Jedoch kann sich die Mehrheit (60 %) der befragten Unternehmen, welche bisher kein KRM durchführen, vorstellen, dieses in Zukunft integrieren (Neu 2011).

3.3.1　Welche Faktoren tragen zu einer erfolgreichen Kundenrückgewinnung bei?

Der Vergleich der Studien zeigt, dass sich die Erfolgsfaktoren im Laufe der letzten Jahre verschoben bzw. verändert haben. Mitarbeitermotivation, fachliche und kommunikative Fähigkeiten der Mitarbeiter sowie eine ausgereifte Database-/EDV-Unterstützung waren im Jahr 2000 die drei wichtigsten Größen im Rahmen der KR (vgl. Sauerbrey und Henning 2000, S. 15).

Heutzutage liegt die Konzentration in erster Linie auf dem Bereich **Service**. Vor dem Hintergrund gesättigter Märkte und eines globalisierten Wettbewerbs sind zur Abgrenzung von Wettbewerbern und zur Erhaltung bzw. Wiedergewinnung der Kundenloyalität ein hervorragender Service sowie Service-Momente[3] unabdingbar (vgl. Lies o. J.). Ebenso tragen Anreize in Bezug auf **Preise und Konditionen** zur Rückholung der abgewanderten Kunden bei. Der heutige Kunde wird seine Leistung in jenem Unternehmen beziehen, welches ihm die besten sowie günstigsten Konditionen bietet. Der dritte Erfolgsfaktor, **persönliche Beratung**, ermittelt in der Studie von Neu (2011), ist mit dem Faktor fachliche und kommunikative Fähigkeiten aus der Studie von Sauerbrey und Henning (2000) vergleichbar. Der Mitarbeiter, welcher dem Kunden das Rückgewinnungsangebot vorlegt, ist das Aushängeschild des Unternehmens und somit der Schlüssel zum Erfolg. Durch die persönliche Beratung besteht die Möglichkeit, in einem persönlichen Dialog Probleme zu beseitigen und durch Empathie sowie fachliche Kompetenz zu überzeugen. Der Erfolgsfaktor Mitarbeitermotivation steht zum jetzigen Zeitpunkt an vorletzter Stelle, da dieser von den meisten Unternehmen als selbstverständlich betrachtet wird. Der Faktor fachliche und kommunikative Fähigkeiten der Mitarbeiter ist wie bereits aufgeführt der persönlichen Beratung und deren inhaltlichen Aspekten ähnlich und befindet sich in beiden Studien unter den drei Top-Erfolgsfaktoren. Der Aspekt ausgereifte Database-/EDV-Unterstützung ist in der Studie von Neu (2011) nicht mehr aufzufinden bzw. relevant, da er heutzutage als Normalität und Standard gilt. Abbildung 3.3 veranschaulicht die aktuellen Top-Erfolgsfaktoren zur KR im Dienstleistungssektor.

---

[3] Bei einem sogenannten Service-Moment nimmt ein Kunde eine erlebte Dienstleistung durch das Verhalten und die innere Haltung des Mitarbeiters positiv wahr (vgl. Bestmann und Leyer 2007, S. 76–80).

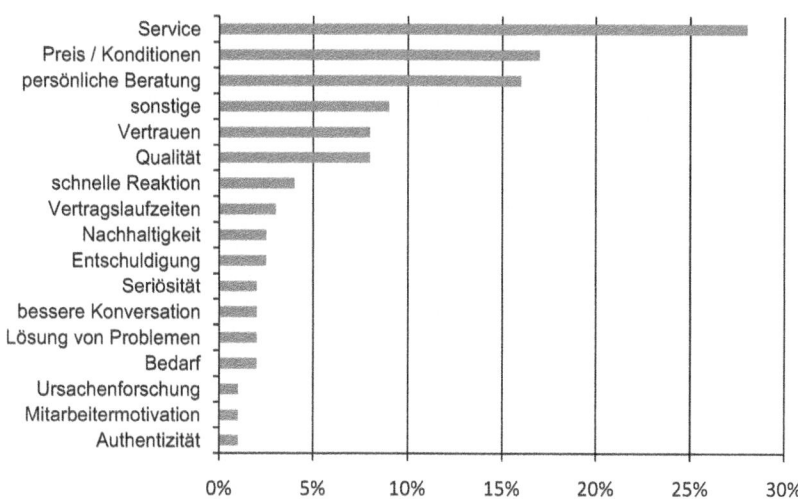

Abb. 3.3 Faktoren einer erfolgreichen Kundenrückgewinnung. (Quelle: in Anlehnung an Neu 2011)

3.3.2   Wie sind die Erfolgsquoten einer ausgereiften Kundenrückgewinnung?

Die Erfolgsquoten eines systematischen KRM beurteilen viele der Studienteilnehmer von 2011 als positiv. Einige Unternehmen führen eine äußerst ökonomische KR durch, mit Erfolgsquoten von 81 bis 100 %. Ein großer Teil der Studienteilnehmer gab an, dass ihre Rückgewinnungsmaßnahmen Quoten von bis zu 80 % aufweisen. Aus Abb. 3.4 kann geschlossen werden, dass sich ein systematisches KRM lohnt, um die Gewinnpotenziale der Unternehmung vollkommen auszuschöpfen. Dabei stellt die x-Achse den Anteil der befragten Unternehmen dar, und die y-Achse kennzeichnet die Erfolgsquote.

Im Vergleich zu der Studie von 2000 sind die Erfolgsquoten gestiegen. Die Studie von Sauerbrey und Henning ergab, dass zwischen 11 und 40 % der Kunden zurückgewonnen werden konnten. Jedoch wurde damals bereits aufgeführt, dass ein enormes Steigerungspotenzial bestehe. Letztendlich ist die Vorhersage der Steigerung eingetroffen, wenn die Zahlen von 2011 in Betracht gezogen werden.

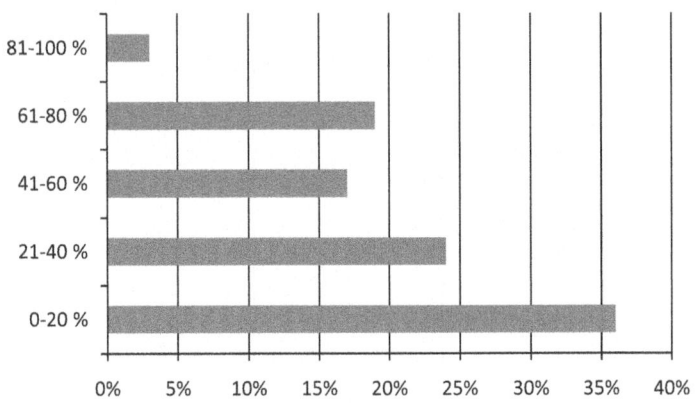

Abb. 3.4 Erfolgsquoten der Kundenrückgewinnungsmaßnahmen. (Quelle: in Anlehnung an Neu 2011)

3.3.3 Wie hoch ist Bindungsdauer von zurückgewonnenen Kunden?

Anhand der Bindungsdauer von zurückgewonnenen Kunden kann festgestellt werden, inwiefern sich eine zweite kontinuierliche Loyalität des Kunden gegenüber dem Unternehmen eingestellt hat und ob sich dadurch ein langfristiger ökonomischer Erfolg entwickeln konnte (vgl. Sauberbrey und Henning 2000). Daraus lässt sich schließen: Je länger ein Kunde die Leistung eines Unternehmens bezieht und je umsatzstärker er ist, desto größer ist sein Kundenwert. Abbildung 3.5 gibt Aufschluss über die Einschätzung der zweiten Kundenbindungsdauer im Vergleich zu einer Bindungsdauer von neuakquirierten Kunden.

Die Mehrheit der Studienteilnehmer von 2011 (45 %) gibt an, dass die Bindungsdauer eines zurückgewonnenen Kunden höher ist als die eines neuakquirier-

Abb. 3.5 Bindungsdauer zurückgewonnener Kunden im Vergleich zu Neukunden. (Quelle: in Anlehnung an Neu 2011)

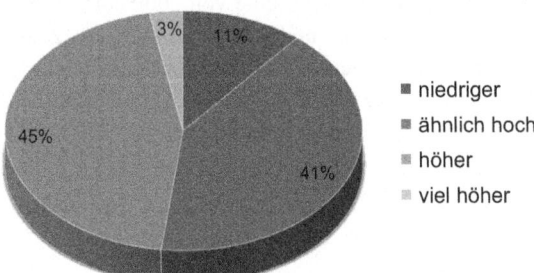

ten Kunden. Diese positive Zahl ist darauf zurückzuführen, dass sich Unternehmen sowohl kooperativ als auch kundenorientiert zeigen, Probleme eliminieren und kundenspezifische Angebote zur Rückkehr unterbreiteten. Durch die Auseinandersetzung mit dem ehemaligen Kunden und dessen Kündigungsursachen sowie durch die Lösung eines eventuell vorhanden gewesenen Problems stellt sich bei dem Kunden eine wiederhergestellte Zufriedenheit ein. Eine vorhandene Restloyalität bietet die Chance, eine zweite, wertvollere Loyalität zu schaffen, diese zu halten und dadurch eine Steigerung des Kundenwerts herbeizuführen.

41 % der Unternehmen gaben an, dass die Bindungsdauer von Neukunden und zurückgewonnen Kunden ähnlich hoch ist. Dabei stellten 3 % fest, dass die zweite Bindungsdauer von zurückgewonnenen Kunden sogar viel höher ist als die von neu akquirierten. Dabei ist die Dauer der zweiten Kundenbindung nicht nur von dem Rückgewinnungsangebot abhängig, sondern ebenfalls von der Erfüllung des Rückgewinnungsangebots und einer strukturierten Wiedereingliederung des Kunden sowie einer weiterführenden Kundenbetreuung und Serviceleistung.

Sauerbrey und Henning (2000, S. 17) verglichen die Bindungsdauer von zurückgewonnenen Kunden mit der von Bestandskunden. Hierbei wurde deutlich, dass fast jeder vierte zurückgewonnene Kunde über eine gleich hohe Bindungsdauer wie der Durchschnitt der Bestandskunden verfügt. Bei 39 % der zurückgewonnenen Kunden liegt die Bindungsdauer über derjenigen von bestehenden Kunden und bei 38 % liegt die Bindungsdauer unter derjenigen von Bestandskunden. Daraus lässt sich schließen, dass die Bindungsdauer der zurückgewonnen Kunden dem Durchschnitt der Bestandskunden entspricht (vgl. Sauerbrey und Henning 2000, S. 17).

Aus beiden Studien resultiert eine zufriedenstellende bis erfreuliche Erkenntnis über die zweite Bindungsdauer.

3.3.4   Wie ist das Kostenverhältnis zwischen einer Neukundenakquise und einer Kundenrückgewinnung?

Die Ergebnisse der Studie von Neu (2011) und Sauerbrey und Henning (2000) unterscheiden sich im Punkt der Rückgewinnungskosten enorm. Sauerbrey und Henning stellten fest, dass die Kosten der Neukundenakquise bei über 90 % der befragten Unternehmen doppelt so hoch seien wie die der KR. Zudem gaben 70 % an, dass die Kosten der Rückgewinnung ein Drittel der Kosten der Neukundenakquisition betrügen (vgl. Sauerbrey und Henning 2000, S. 18). Solch herausragend positive Ergebnisse lassen sich bei der Studie von Neu (2011) nicht gewinnen. Das Ergebnis ist dennoch positiv. Knapp über die Hälfte (51 %) gaben an, dass die Kos-

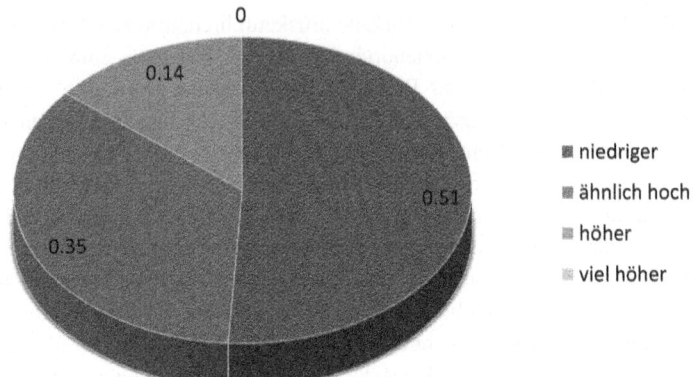

Abb. 3.6 Kostenvergleich der Kundenrückgewinnung zur Neukundenakquise. (Quelle: in Anlehnung an Neu 2011)

ten einer KR unter den der Neukundengewinnung liegen. 35 % sprechen von einem ähnlich hohen Kostenverhältnis. Abbildung 3.6 sind weitere Werte zu entnehmen.

Die differenzierten Ergebnisse könnten darauf zurückzuführen sein, dass nicht alle Studienteilnehmer von Neu (2011) ein systematisches KRM durchführen und aus diesem Grund die Prozesse in der KR variieren. Da es keinen prozessualen bzw. klar definierten Standard zu Verfahren, Maßnahmen und Angeboten gibt, könnten die Kosten höher sein.

Grundsätzlich lässt sich eine positive Tendenz hinsichtlich Sinnhaftigkeit und Notwendigkeit eines systematischen KRM als standardisierter dritter Säule des CRM feststellen. Der Anstieg der Erfolgsquoten beweist, dass das Konzept der KR tatsächlich lukrativ ist. Die Tatsache einer zweiten, gefestigten Bindungsdauer und ausgeglichenen Kundenloyalität sollten auch die letzten Zweifel über die Wirksamkeit eines systematischen KRM beseitigen.

Literatur

Bestmann, K., & Leyer, B. (2007). *Servicequalität mit System. Eine Servicephilosophie praktisch entwickeln*. Kiel: Ludwig.
Bruhn, M. (2009). *Relationship Marketing. Das Management von Kundenbeziehungen*. München: Vahlen.
Bruhn, M. (2012). *Kundenorientierung. Bausteine für ein exzellentes Relationship Management (CRM)*. München: Deutscher Taschenbuch Verlag.

Bruhn, M., & Homburg, C. (Hrsg.). (2000). *Handbuch Kundenbindungsmanagement. Grundlagen – Konzepte – Erfahrungen.* Wiesbaden: Gabler.

Bruhn, M., & Michalski, S. (2001). Rückgewinnungsmanagement – Eine explorative Studie zum Stand des Rückgewinnungsmanagements bei Banken und Versicherungen. *Die Unternehmung, 55*(2), 111–125.

Bruhn, M., & Michalski, S. (2005). Gefährdete Kundenbeziehungen und abgewanderte Kunden als Zielgruppe der Kundenbindung. In M. Bruhn & C. Homburg (Hrsg.), *Handbuch Kundenbindungsmanagement* (S. 251–271). Wiesbaden: Gabler.

Büttgen, M. (2003). Recovery Management – systematische Kundenrückgewinnung und Abwanderungsprävention zur Sicherung des Unternehmenserfolges. *Die Betriebswirtschaft, 63*(1), 60–76.

Cornelsen, J. (1998). Kundenbewertung mit Referenzwerten. Arbeitspapier Nr. 64. Nürnberg: Universität Nürnberg-Erlangen.

Harari, O. (1992). Thank heaven for complainers. *Management Review, 81,* 59–60.

Hart, C., Heskett, J., & Sasser, W. E. (1990). The profitable art of service recovery. *Harvard Business Review, 68,* 148–156.

Homburg, C., & Bruhn, M. (2010). Kundenbindungsmanagement. Eine Einführung in die theoretischen und praktischen Problemstellungen. In M. Bruhn & C. Homburg (Hrsg.), *Handbuch Kundenbindungsmanagement. Strategien und Instrumente für ein erfolgreiches CRM* (S. 3–39). Wiesbaden: Gabler.

Homburg, C., & Schäfer, H. (1999). *Customer Recovery. Profitabilität durch systematische Rückgewinnung von Kunden.* Arbeitspapier des Instituts für Marktorientierte Unternehmensführung (IMU), Nr. M 39. Mannheim: Universität Mannheim.

Homburg, C., & Werner, H. (1998). *Kundenorientierung mit System – Mit Customer Orientation Management zu profitablem Wachstum.* Frankfurt a. M.: Campus.

Homburg, C., Schneider, J., & Schäfer, H. (2001). *Sales Excellence – Vertriebsmanagement mit System.* Wiesbaden: Gabler.

Klee, A. (2000). *Strategisches Beziehungsmanagement. Ein integrativer Ansatz zur strategischen Planung und Implementierung des Beziehungsmanagement.* Aachen: Shaker.

Läsker, A. (2000). Rechtslage bei der Kundenrückgewinnung per Telefon. In C. Sauerbrey & R. Henning (Hrsg.), *Kundenrückgewinnung. Erfolgreiches Management für Dienstleister* (S. 167–172). München: Vahlen.

Lies, J. (o. J.). Stichwort: Service. In Springer Gabler Verlag (Hrsg.), *Gabler Wirtschaftslexikon.* http://wirtschaftslexikon.gabler.de/Archiv/13466/service-v9.html. Zugegriffen: 12. Juli 2013.

Lovelock, C. (1996). *Services marketing.* Englewood Cliffs: Prentice-Hall.

Mann, A. (2009). Kundenrückgewinnung und Dialogmarketing. In J. Link & F. Seidl (Hrsg.), *Kundenabwanderung. Früherkennung, Prävention, Kundenrückgewinnung. Mit erfolgreichen Praxisbeispielen aus verschiedenen Branchen* (S. 165–176). Wiesbaden: Gabler.

McCollough, M. A. (1995). *The recovery paradox. A conceptual model and empirical investigation of customer satisfaction and service quality after service failure and recovery.* Doctoral Dissertation. Ann Arbor: Universität Texas.

Meffert, H. (2000). *Marketing: Grundlagen marktorientierter Unternehmensführung: Konzepte, Instrumente, Praxisbeispiele.* Wiesbaden: Gabler.

Michalski, S. (2002). *Kundenabwanderungs- und Kundenrückgewinnungsprozesse: eine theoretische und empirische Untersuchung am Beispiel von Banken.* Wiesbaden: Gabler.

Neu, M. (2011). Empirische Untersuchung zum Thema Kundenrückgewinnungsmanagement. Ergebnisse.

Pick, D., & Krafft, M. (2009). Status quo des Rückgewinnungsmanagements. In J. Link & F. Seidl (Hrsg.), *Kundenabwanderung. Früherkennung, Prävention, Kundenrückgewinnung. Mit erfolgreichen Beispielen aus verschiedenen Branchen* (S. 121–136). Wiesbaden: Gabler.

Reichheld, F., & Sasser, W. E. (1990). Zero defections – Quality comes to services. *Harvard Business Review, 68*(5), 105–111.

Rutsatz, U. (2004). *Kundenrückgewinnung durch Direktmarketing. Das Beispiel des Versandhandels.* Wiesbaden: Gabler.

Sauerbrey, C., & Henning, R. (Hrsg.). (2000). *Kundenrückgewinnung. Erfolgreiches Management für Dienstleister.* München: Vahlen.

Schneider, W. (2008). *Profitable Kundenorientierung durch Customer Relationship Management. Wertvolle Kunden gewinnen, begeistern und dauerhaft binden.* München: Wissenschaftsverlag.

Schüller, A. M. (2007). *Come Back. Wie Sie verlorene Kunden zurückgewinnen.* Zürich: Orell Füssli.

Sieben, F. G. (2002). *Rückgewinnung verlorener Kunden. Erfolgsfaktoren und Profitabilitätspotenziale.* Wiesbaden: Gabler.

Siegert, M. (1997). Per Telefon Kündiger wiedergewinnen. *Direkt Marketing, 4,* 36.

Stauss, B. (2000a). Rückgewinnungsmanagement: Verlorene Kunden als Zielgruppe. In M. Bruhn & B. Stauss (Hrsg.), *Dienstleistungsmanagement, Jahrbuch 2000* (S. 449–471). Wiesbaden: Gabler.

Stauss, B. (2000b). Rückgewinnungsmanagement (Regain Management). *Wirtschaftswissenschaftliches Studium, 29*(10), 579–582.

Stauss, B. (2000c). Augenblicke der Wahrheit" in der Dienstleistungserstellung – Ihre Relevanz und ihre Messung mit Hilfe der Kontaktpunkt-Analyse. In M. Bruhn & B. Stauss (Hrsg.), *Dienstleistungsqualität, Konzepte – Methoden – Erfahrungen* (S. 321–340). Wiesbaden: Gabler.

Stauss, B. (2000d). Perspektivenwandel. Vom Produkt-Lebenszyklus zum Kundenbeziehungs-Lebenszyklus. *Thexis, 17*(2), 15–18.

Phasen des Kundenrückgewinnungsmanagements – idealtypische Sichtweise

4

Das Ziel des Rückgewinnungsmanagements ist es, einen systematischen Prozess zur KR zu entwickeln. Es gilt, innerhalb der verschiedenen Prozessphasen Detailaufgaben effektiv und effizient zu bearbeiten.

In den folgenden Abschnitten werden die Schritte eines systematischen Rückgewinnungsprozesses aus idealtypischer Sichtweise dargestellt. Der Prozess wird als idealtypisch bezeichnet, da die Phasen bzw. die Vorgehensweisen unternehmensbedingt variieren.

4.1 Identifikation der verlorenen Kunden

Für eine erfolgreiche KR ist es essentiell, als ersten Schritt die verlorenen Kunden zu identifizieren, anschließend die Kündigungsgründe zu ermitteln und den Kundenwert sowie die Rückgewinnungswahrscheinlichkeit zu bestimmen.

Nur wenige Studien gehen auf die konkrete Identifikation von abgewanderten Kunden ein (vgl. Pick und Kraft 2009, S. 131). Es ist jedoch unabdingbar, diese im KRM zu bestimmen, denn die Identifikation der verlorenen Kunden sowie die Analyse der Kündigungsursachen sind ein wichtiges Fundament sowohl für die Auswahl von Zielkunden als auch für die Erstellung segmentspezifischer Rückgewinnungsmaßnahmen (vgl. Büttgen 2003, S. 117; Bruhn und Michalski 2001, S. 117). Unternehmen müssen festlegen, ab wann ein Kunde in die Zielgruppe der Rückgewinnungsaktivitäten fällt, denn nicht jeder Kunde eignet sich gleichermaßen für die Rückgewinnung (vgl. Homburg et al. 2003, S. 60).

© Springer Fachmedien Wiesbaden 2015
M. Neu, J. Günter, *Erfolgreiche Kundenrückgewinnung,*
DOI 10.1007/978-3-658-04807-5_4

Grundsätzlich kann eine Kündigung implizit oder explizit erfolgen (vgl. Schöler 2006, S. 610–612). Je nach Branche gestaltet sich die Identifikation der verlorenen Kunden mehr oder minder kompliziert. Unternehmen mit mitgliedschaftsähnlichen oder vertraglichen Kundenbeziehungen (bspw. in der Telekommunikations-, Banken- oder Versicherungsbranche) können verlorene Kunden durch das Vorliegen einer expliziten Kündigung leichter ermitteln. Ebenso können durch Datenbanksysteme Informationen zu dem jeweiligen Kunden abgerufen werden (vgl. Michalski 2002, S. 189).

Nicht in jeder Branche tut der Kunde seine Entscheidung zur Abwanderung mündlich oder schriftlich kund (vgl. Schüller 2007, S. 35; Sauerbrey und Henning 2000, S. 21; Michalski 2002, S. 189). Dann handelt es sich um eine implizite Kündigung (vgl. Schöler 2006, S. 610–612). Bei nicht-vertraglichen und nicht-mitgliedschaftsähnlichen Geschäftsbeziehungen werden zur Analyse des Aktivitätsniveaus sowohl Heuristiken als auch statistische Schätzverfahren wie das Pareto-Modell oder das Scoring-Modell eingesetzt (vgl. Hüppelshäuser et al. 2006; Krafft 2007, S. 113–125; Krafft und Rutsatz 2006, S. 688–692). Kunden werden als abgewandert eingestuft, wenn sie unter dem vom Unternehmen definierten Aktivitätsniveau, in Abhängigkeit der individuellen Kunden- und Unternehmenssituation, liegen (z. B. durchschnittliche Anzahl der Verträge pro Kunde) (vgl. Rutsatz 2004, S. 105–107; Sauerbrey und Henning 2000, S. 21). Ebenso gelten Durchschnittsgrößen der jeweiligen Branche oder eines bestimmten Kundensegments als Indikator zur Feststellung, ab wann ein Kunde als abgewandert gilt. Wenn ein Kunde unter der definierten Größe liegt, gilt er als „potenziell verloren". Eine weitere Hilfe zur Feststellung des Aktivitätsniveaus sind Kundenkarten. Anhand dieser kann das Kaufverhalten der Verbraucher nachvollzogen werden. Jedoch besitzt bei weitem nicht jeder Kunde auch eine Kundenkarte (vgl. Schüller 2007, S. 35).

Bei der schriftlichen Kündigung besteht die Aufgabe des Mitarbeiters darin, dass dieser die Kündigung und alle relevanten Kundendaten für die Rückgewinnungssegmentierung weiterreicht. Bei einer persönlichen Kündigung wird die Chance geboten, direkt nach den Abwanderungsgründen zu fragen. Häufig lassen sich jedoch in dieser Eins-zu-Eins-Interaktion keine vollständigen Informationen in Bezug auf den Kündigungsgrund ermitteln. Die abwandernden bzw. abgewanderten Kunden haben bspw. Bedenken, schlecht über einzelne Mitarbeiter oder das gesamte Unternehmen zu sprechen. Die gewonnenen Informationen können aber einen ersten Anhaltspunkt bezüglich der Kündigungsgründe geben und es kann in Erfahrung gebracht werden, ob eine Chance zur KR besteht (vgl. Michalski 2002, S. 189 f.).

Grundlegend ist festzuhalten: Je seltener ein Kunde die Leistung bzw. Produkte eines Unternehmens in Anspruch nimmt, desto höher ist die Gefahr einer Kündigung. Aus diesem Grund ist es von großer Relevanz, dass Unternehmen ausgereifte IT-Systeme implementieren, welche rechtzeitig Signale von abwanderungsgefähr-

deten Kunden mit Hilfe von Data-Mining[1]-Analysen erkennen. Ebenso gilt es, dass die Mitarbeiter eine Feinfühligkeit ihren Kunden gegenüber entwickeln, um bei abwanderungsgefährdeten Kunden schnell reagieren zu können (vgl. Sauerbrey und Henning 2000, S. 21; Schüller 2007, S. 35 ff.).
Folglich lassen sich die Rückgewinnungskandidaten in vier Zieltypen differenzieren (Abb. 4.1).

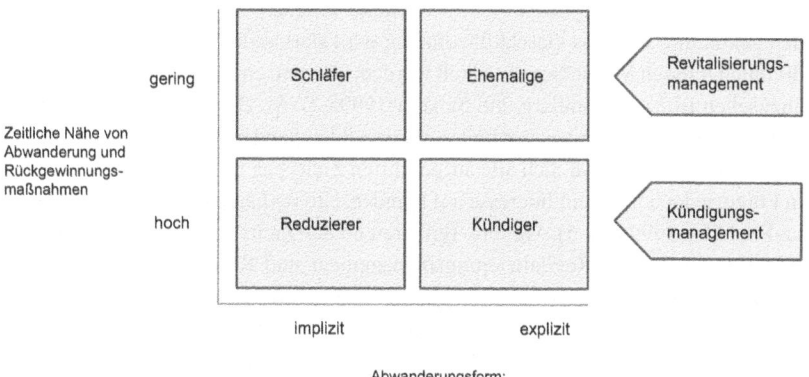

Abb. 4.1 Typologie der Zieltypen des Kundenrückgewinnungsmanagements. (Quelle: in Anlehnung an Schöler 2006, S. 610)

Ehemalige Die ehemaligen Kunden haben die Geschäftsbeziehung bereits vor längerer Zeit explizit gekündigt. Dieser Zieltyp kann im Datenbestand des Unternehmens lokalisiert und im Rahmen einer Revitalisierung kontaktiert werden (vgl. Stauss 2000, S. 455).

Schläfer „Schläfer" sind Kunden, die nicht mehr in ihrem üblichen Transaktionsmuster agieren und aufgrund der ausbleibenden Umsätze als ausgeschieden angesehen werden (vgl. Stauss 2000, S. 453). Es ist keine ausdrückliche Kündigung ausgesprochen worden. Beim Bestehen einer Kundendatenbank können die „Schläfer" über Abfragen und Selektionen, z. B. nach Umsatzvolumen innerhalb einer bestimmten Zeitspanne, ermittelt werden (vgl. Schöler 2006, S. 611).

---

[1] Unter Data Mining wird die Anwendung von Methoden und Algorithmen verstanden, die zur möglichst automatischen Extraktion empirischer Zusammenhänge zwischen Planungsobjekten und deren Daten in einer hierfür aufgebauten Datenbasis bereitgestellt werden (vgl. Lackes o. J.).

Kündiger Eine explizite Kündigung liegt vor. Deshalb wird dieser Zieltyp direkt zur Verhinderung der Abwanderung angesprochen (vgl. Stauss 2000, S. 453). Erfolgt der Rückgewinnungsversuch zu einem späteren Zeitpunkt, werden die „Kündiger" als „Ehemalige" kategorisiert (vgl. Schöler 2006, S. 611).

Reduzierer Dieser Zieltyp spielt eine besonders große Rolle bei Geschäftsbeziehungen mit „Mehrfachkontrakten", z. B. bei Banken oder Versicherungen (vgl. Sauerbrey und Henning 2000, S. 21). Wichtige Teile der Geschäftsbeziehung werden gekündigt, oder das Geschäftsvolumen wird stark reduziert. Unternehmensindividuell müssen Maßstäbe entwickelt werden, ab wann ein Kunde als abgewandert anzusehen ist (vgl. Homburg und Schäfer 1999a, S. 6). Die Form der Kundenabwanderung unterliegt einer impliziten sowie schleichenden Art und Weise.

Es kommen grundsätzlich alle aufgeführten Zieltypen für eine Rückgewinnung in Frage, jedoch muss ein Interesse auf Kundenseite vorhanden sein (vgl. Homburg und Schäfer 1999a, S. 5). Weitere Teilbereiche der Zieltypen differenziert Stauss (2000, S. 453) nach Revitalisierungsmanagement und Kündigungsmanagement. Die Zieltypen „Schläfer" und „Ehemalige" werden im Rahmen des Revitalisierungsmanagements angesprochen. Dieses weist Kampagnencharakter auf, da es unabhängig von dem normalen Geschäftsbetrieb durchgeführt wird. Die sogenannten „Reduzierer" und „Kündiger" fallen unter das Kündigungsmanagement, in welchem das Unternehmen unmittelbar mit Maßnahmen auf die Abwanderung reagiert. Kunden werden bspw. auf die Kündigung oder gravierend veränderte Verhaltensmerkmale, z. B. gesunkene Umsätze, angesprochen (vgl. Schöler 2006, S. 611).

Die große Herausforderung innerhalb eines systematischen KRM bzw. im Kündigungsmanagement besteht jedoch nicht allein darin, die verlorenen Kunden zu identifizieren, sondern darin, den Prozess ab dem Zeitpunkt des Erhalts der Kündigung im Unternehmen bis hin zur ersten Kontaktaufnahme mit dem abgewanderten Kunden zu verkürzen. Denn je schneller die Kontaktaufnahme mit dem abwandernden Kunden, desto höher sind die Erfolgsaussichten, diesen wieder für die Unternehmung zu gewinnen (vgl. Schüller 2007; Sieben 2002; Michalski 2002).

4.1.1 Analyse der Abwanderungsursachen

Zur Verhinderung von Kundenabwanderung und zur KR ist es elementar, die Ursachen der Abwanderung zu untersuchen. Das Wissen über die Gründe hilft dabei, die abgewanderten Kunden zu segmentieren und zu bewerten. So kann festgestellt werden, welche Kundenverluste generell vermeidbar oder unvermeidbar sind (vgl. Stauss und Seidel 2009, S. 145–157). Unternehmen sollten stets berücksichtigen, dass auch zufriedene Kunden abwandern und auch unzufriedene Kunden dem Unternehmen treu bleiben. Deshalb ist es wichtig, Abwanderungsgründe genau zu erforschen (vgl. Sauerbrey und Henning 2000; Michalski 2002).

Die Abwanderungsursachen differieren je nach Branche und Unternehmen. Demnach können verlorene Kunden in bestimmte Ursachensegmente eingeteilt werden (vgl. Stauss und Friege 2006; Schöler 2006; Büttgen 2003; Michalski 2002). Es lassen sich folgende Abwanderungssegmente kategorisieren (vgl. Stauss und Seidel 2009, S. 146 f.):

- **Ungewollt abgewanderte Kunden** („unwillingly going away customers"): Dieser Abwanderungstyp kann sich das Fortführen der Geschäftsbeziehung finanziell nicht mehr leisten. Aufgrund dessen stellt dieser Typ die Geschäftsbeziehung ein, auch wenn dies nicht seinem inneren Wunsch entspricht.
- **Vertriebene Kunden** („pushed away customers"): Kunden wenden sich aufgrund von subjektiv wahrgenommenen Mängeln in der Unternehmensleistung (Produkt oder Dienstleistung) vom Anbieter ab (vgl. Sauerbrey und Henning 2000, S. 22).
- **Abgeworbene Kunden** („pulled away customers"): Diese Kunden werden sozusagen von einem Wettbewerber weggezogen. Dieser unterbreitet ein besseres Angebot in Bezug auf Kosten und Nutzen. Hier ist eine schnelle Reaktion gefragt, um die Wettbewerbsfähigkeit des Unternehmens nicht zu gefährden. Das Variety-Seeking (das Streben nach Abwechslung) verleitet Kunden ebenfalls zur Abwanderung.
- **Kunden mit Bedarfswegfall** („moved away customers"): Die Geschäftsbeziehung wird beendet, da der Bedarf der Leistung und daher die Geschäftsbeziehung nicht mehr benötigt wird.
- **Nicht mehr gewollte Kunden** („intentionally pushed away customers"): Das Unternehmen selbst hat die Geschäftsbeziehung beendet, z. B. weil Zahlungsprobleme bestehen.
- **Notwendigerweise ausscheidende Kunden** („necessarily exiting customers"): Hierbei findet eine Beendigung der Geschäftsbeziehung aufgrund von natürlichen Fluktuationsursachen statt, bspw. wegen eines Todesfalls oder eines Umzugs des Kunden.

Die verschiedenen Segmente der erläuterten Abwanderungsursachen sind letztendlich alle auf die Dimensionen Kunde, Wettbewerber und Unternehmen zurückzuführen (vgl. Bruhn 2001, S. 30; Michalski 2002, S. 43 f.). Es ist darauf zu achten, dass die Erwartungen des Kunden erfüllt werden, eine Profilierung gegenüber dem Wettbewerber sichergestellt ist und ein konstantes Leistungsniveau erreicht wird. Unternehmen handeln hauptsächlich innerhalb der genannten Dimensionen. Aus diesem Grund sind auch die Ursachen der Abwanderung genau hier zu finden. Abbildung 4.2 veranschaulicht die häufigsten Kündigungsgründe. Diese sind den drei Dimensionen Kunde, Wettbewerber und Unternehmen zugeordnet (vgl. Michalski 2002, S. 43 f.)

```
            ┌─────────────────────────────────┐
            │   •   Umzug                      │
            │   •   Arbeitsplatzwechsel        │
            │   •   Renteneintritt             │
            │   •   Nachwuchs                  │
            │   •   Tod                        │
            │   •   Heirat                     │
            │   •   Finanzieller Engpass       │
            │   •   Variety-Seeking            │
            └─────────────────────────────────┘

                         Kunde


                          ▲
                         ╱ ╲
                        ╱   ╲
                       ╱     ╲
                      ╱       ╲
    Unternehmen      ╱─────────╲      Wettbewerber
```

Unternehmen	Wettbewerber

• Unfreundliche Mitarbeiter
• Fehlende Fachkompetenz
• Schlechtes Image
• Zu hohe Preise
• Langsame Reaktionszeiten
• Schlechte Erreichbarkeit
• Prozessablaufprobleme
• Standortlücken
	• Besseres Preis-Leistungs-Verhältnis
	• Bessere Kosten-Nutzen-Relation
	• Aktives Abwerben
	• Aktives Wegkaufen des Kunden
	  (vorteilhaftes Wechselangebot,
	  aggressive Werbung usw.)

Abb. 4.2 Systematisierung von Abwanderungsgründen. (Quelle: in Anlehnung an Michalski 2002, S. 43; Seidl 2009, S. 17)

Die Segmente „ungewollt abwandernde Kunden", „Kunden mit Bedarfswegfall" und „notwendigerweise ausscheidende Kunden" sind der Dimension „Kunde" zuzuordnen (vgl. Stauss und Seidel 2009, S. 146 f.). Die Segmente „vertriebene Kunden" und „nicht mehr gewollte Kunden" gehören zum Segment „Unternehmen". Die „abgeworbenen Kunden" sind der Dimension „Wettbewerber" zuzuordnen.

Die Typen der verlorenen Kunden bzw. die Abwanderungsgründe unterscheiden sich enorm in Bezug auf die Vermeidbarkeit. Abwanderungen von Kunden, die notwendigerweise oder durch Bedarfswegfall aus der Geschäftsbeziehung austreten, lassen sich von Unternehmensseite kaum verhindern bzw. beeinflussen. Die Abwanderungen von den „nicht mehr gewollten Kunden" sind durch das Unternehmen selbst beeinflussbar, jedoch sollen diese gar nicht zurückgewonnen werden. Ein Kunde, der bspw. große Bestellungen in Auftrag gibt, diese jedoch nicht begleicht, ist nicht profitabel.

Bei der Gruppe der „ungewollt abgewanderten Kunden" besteht jedoch vereinzelt die Möglichkeit, die Abwanderung durch eine temporäre Anpassung der Rahmenbedingungen zu vermeiden. Die Konzentration der Firmen liegt deshalb hauptsächlich auf den vermeidbaren Kundenverlusten. Vertriebene Kunden sowie abgeworbene Kunden können durch eine kundenorientierte Unternehmensausrichtung, optimierte Prozesse sowie durch leistungs-, produkt- und preispolitische Maßnahmen im Unternehmen gehalten werden (vgl. Stauss und Seidel 2009, S. 146 f.).

4.1.2   Methoden der Abwanderungsanalyse

Grundsätzlich gibt es verschiedene Möglichkeiten, die Kündigungsgründe zu ermitteln. Die Methoden können schriftlich, mündlich oder telefonisch durchgeführt werden.

Eine **schriftliche Befragung** ist besonders für Unternehmen mit großen Kundenbeständen geeignet. Abgewanderte Kunden haben die Möglichkeit, ihre Anonymität zu wahren und ehrliche Abwanderungsgründe unbesorgt anzugeben. Jedoch dauert die schriftliche Befragung von der Konzeption bis hin zur Auswertung mehrere Wochen und die Rücklaufquoten sind nicht allzu hoch. Zudem muss der abgewanderte Kunde Arbeit und Zeit aufwenden, um den Fragebogen auszufüllen und zurückzusenden (vgl. Schüller 2007, S. 70 ff.). Folgende Fragen könnten in einen Fragebogen aufgenommen werden:

*   Weshalb haben Sie die Geschäftsbeziehung mit uns beendet?
*   Was war der Hauptgrund für die Beendigung?
*   Was können wir schnellstmöglich verbessern?

Eine weitere Möglichkeit zur Ermittlung der Kündigungsgründe bietet eine **mündliche Befragung** der abwandernden bzw. abgewanderten Kunden. Diese ist hilfreich, um die wahren Gründe persönlich zu erforschen und durch Beobachtungen zu analysieren. Jedoch hat die persönliche Befragung auch den Nachteil, dass der Interviewer Einfluss auf den Befragten hat. Dieser traut sich eventuell nicht, seine ehrliche Meinung mitzuteilen. Der Interviewer muss alle Punkte mitschreiben, sodass eine Auswertung im Nachhinein stattfinden kann. Ein standardisierter Fragenkatalog sollte im Voraus entwickelt werden, sodass eine bestmögliche Informationsgewinnung gewährleistet werden kann. Anwendung könnten die nachstehenden Fragen finden (vgl. Schüller 2007, S. 72 f.):

• Was waren die genauen Gründe für Ihre Kündigung?
• Was können wir besser machen?
• Wie können wir Sie wieder für unser Unternehmen begeistern?

Die **Root-Cause-Analyse** (Fehler-Ursache-Analyse) eignet sich laut Sauerbrey und Henning (2000, S. 26) besonders gut zur Ursachenforschung. Die Ermittlung sollte anhand von Einzelinterviews telefonisch oder persönlich und von einer neutralen Drittperson durchgeführt werden (vgl. Reichheld 1996, S. 62, 64 f.). Die Anwendung einer speziellen Fragetechnik hilft dabei, durch mehrmaliges sowie gezieltes Fragen die maßgeblichen Kündigungsgründe herauszufinden. Nachfolgend ein beispielhaftes Root-Cause-Interview aus dem Bankwesen (in Anlehnung an Reichheld 1997, S. 232 f.).

Beispiel für ein Root-Cause-Interview aus dem Bankwesen

Frage: Wie lange waren Sie Kunde bei Bank A?
Antwort: Zwölf Jahre.
Frage: Was veranlasste Sie, Ihr Konto aufzulösen und auf eine andere Bank zu übertragen?
Antwort: Die Bank X liegt gerade um die Ecke und zahlt einen höheren Zinssatz für meine Termineinlagen.
Frage: Waren die Zinssätze bei Bank X immer höher, oder stiegen sie erst kürzlich?
Antwort: Ich weiß es nicht, ich bemerkte es erst kürzlich.
Frage: Was führte dazu, dass Sie es bemerkten?
Antwort: Jetzt, wo ich so darüber nachdenke: Ich war ein wenig verärgert über Bank A und sah dann eine Anzeige in der Donnerstagszeitung.
Frage: Warum waren Sie verärgert?
Antwort: Um ehrlich zu sein, es war, weil mein Kreditantrag abgelehnt wurde.
Frage: Sind Anträge von Ihnen schon früher abgelehnt worden?
Antwort: Ja, mehrere Male, aber dieses Mal forderte mich die Bank auf, einen Kredit zu beantragen, da ich ein bevorzugter Kunde sei – und dann wurde mein Antrag mit einem unpersönlichen Standardbrief abgelehnt!

Diese Methode wird jedoch nicht bei Unternehmen mit großen Kundenbeständen durchgeführt. Hauptsächlich findet diese detaillierte Frageform bei Schlüsselkunden Anwendung. Jedoch können die Fragen auch eine Leitlinie für einzelne Kündigungsgespräche sein (Sauerbrey und Henning 2000, S. 26).

Es ist sehr wichtig, die erforschten Abwanderungsursachen der Kunden systematisch zu erfassen, zu segmentieren und auch zu bewerten (vgl. Venohr und Zinke 1998, S. 160 f.). Das Wissen über die Kündigungsgründe ist Voraussetzung, um das Problem auf Kundenseite zu beseitigen und perfekte, kundenindividuelle Anreize im Zuge des KRM zu schaffen. Mit Hilfe einer genauen Ursachenanalyse können auch Schwachstellen im Unternehmen aufgezeigt werden und Optimierungen konzipiert werden. Ebenso sind die gesammelten Informationen wichtig für die Kontrolle der Zielerreichung im KRM.

4.1.3 Segmentierung durch Kundenwertanalyse

Nachdem in Abschn. 4.1.1 eine erste Segmentierung der Kunden in die verschiedenen Kündigungsursachen stattgefunden hat und Zieltypen der Rückgewinnung kategorisiert wurden, wird nun die Identifikation der ökonomisch wertvollen Kunden erläutert. Für die langfristige Wirtschaftlichkeit eines Unternehmens ist es wesentlich, die besonders lukrativen Kundensegmente zurückzugewinnen.

Die Studie von Neu (2011) wies nach, dass Unternehmen bei der Ermittlung der Zielgruppen für Rückgewinnungsmaßnahmen vor allem den bisherigen Umsatz der Kunden, den Kündigungsgrund sowie die Dauer der Geschäftsbeziehung berücksichtigen. Diese und weitere identifizierte Selektionskriterien für die Zielgruppenauswahl von KR-Aktivitäten sind der Abb. 4.3 zu entnehmen.

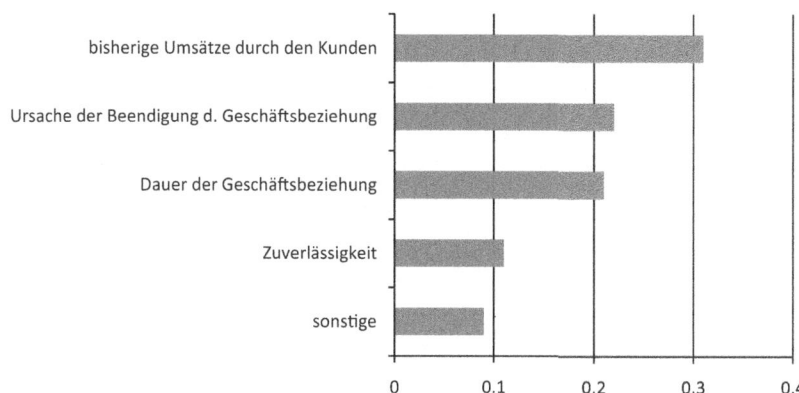

Abb. 4.3 Selektionskriterien für die Zielgruppe der Rückgewinnungsmaßnahmen. (Quelle: in Anlehnung an Neu 2011)

Es bedarf jedoch bestimmter Verfahren, um genau herauszufiltern, welche Kundensegmente wertvoll sind und sich somit für die Rückgewinnung eignen. Im Folgenden wird näher dargestellt, was der Begriff Kundenwert beinhaltet und welche Methoden es gibt, um diesen zu ermitteln.

Der Kundenwert

Der Begriff Kundenwert wird verwendet, um den ökonomischen und vorökonomischen Wert eines Kunden oder von ganzen Kundensegmenten zu beschreiben sowie zu differenzieren (vgl. Krafft 2007, S. 44; Sauerbrey und Henning 2000, S. 29 f.). Es wird festgestellt, wie wertvoll ein Kunde für ein Unternehmen ist (Abb. 4.4). Indikatoren für den ökonomischen Wert eines Kunden sind bspw. Umsatz, Deckungsbeitrag oder Rentabilität. Zu den vorökonomischen Indikatoren zählen z. B. Referenz- und Cross-Selling-Potenzial. Besonders im Business-to-Business-Bereich wären auch noch Informations- und Innovationspotenziale von Kunden in Betracht zu ziehen (vgl. Tomczak und Dittrich 1997, S. 18 f.).

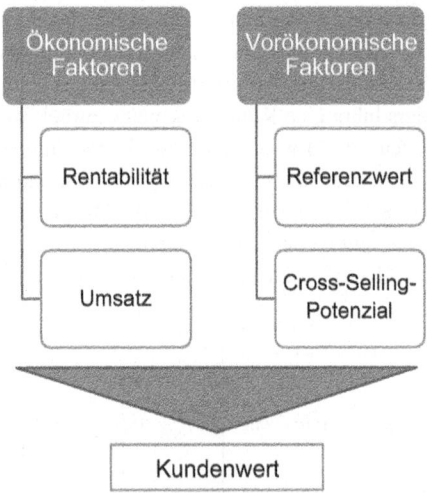

Abb. 4.4 Indikatoren zur Identifikation des Kundenwerts. (Quelle: in Anlehnung an Sauerbrey und Henning 2000, S. 30; Cornelsen 1998, S. 171)

Es ist einfacher, die ökonomischen als die vorökonomischen Größen zu bestimmen. Eine Ermittlung der ökonomischen Größen kann bspw. mit Hilfe des Rechnungswesens vollzogen werden. Für die Erfassung der vorökonomischen (qualitativen) Kriterien müssen Kundendaten aus dem Betriebssystem erfasst und bewertet

werden. Auch aus diesem Grund ist eine kontinuierliche Erfassung der Kundendaten unbedingt notwendig. Zur Ermittlung des ökonomischen Werts werden vor
allem die ABC-Analyse und die Kundendeckungsbeitragsrechnung sowie der
Customer Lifetime Value herangezogen. Bei der **ABC-Analyse** werden Kunden
nach ihrem jeweiligen Umsatz und/oder Deckungsbeitrag eingestuft. Mit Hilfe der
Kundendeckungsbeitragsrechnung werden Erlös und Aufwand für jeden Kunden aufgerechnet, um somit die Überschüsse pro Geschäfts-/Kundenbeziehung zu
ermitteln (vgl. Schneider 2008, S. 120 f.). Um eine bessere Ermittlung des Kundenwerts zu ermöglichen, sollten neben den genannten vergangenheitsbezogenen/
monetären Methoden auch zukunftsbezogene Methoden Anwendung finden, auch
wenn die Zukunftswerte lediglich schätzbar sind. Durch die monetäre/zukunfts-
bezogene Methode des **Customer Lifetime Value** wird die Profitabilität eines
Kunden in Form seines Kapitalwerts für die einzelnen Perioden der Geschäftsbeziehung berechnet. Ebenso wird zukünftiges Potenzial aufgezeigt (vgl. Schneider
2008, S. 130). Ein weiteres zukunftsbezogenes Modell, wie z. B. die Scoring-Methode, ist hilfreich, um ebenfalls die vorökonomischen Faktoren zu ermitteln bzw.
einzuschätzen. Bei dem sogenannten mehrdimensionalen **Scoring-Modell** werden
die Transaktionen mit dem Kunden mittels positiver oder auch negativer Punktevergabe beurteilt und gewichtet. Des Weiteren bietet eine **Portfolio-Analyse**,
welche ebenfalls mehrdimensional ausgerichtet ist, die Möglichkeit, den Kunden
mit Hilfe der Kriterien Kundenattraktivität und relative Lieferantenposition in vier
Felder einzustufen (vgl. Schneider 2008, S. 121). Die drei Kundenbewertungsins-
trumente ABC-Analyse, Scoring-Modell und Customer Lifetime Value werden im
Folgenden näher erläutert.

ABC-Analyse

Mit Hilfe der ABC-Analyse lassen sich Kunden in Hinblick auf ihre Bedeutung für
das Unternehmen klassifizieren. Die Einordnung der Kunden in die Kategorie A, B
oder C findet auf Basis ihrer realisierten Umsätze oder Deckungsbeiträge innerhalb
eines bestimmten Zeitraums (z. B. 1 Jahr) statt (vgl. Link 1995). A-Kunden sind
die Kunden mit den höchsten und C-Kunden mit den niedrigsten Umsatzen/De-
ckungsbeiträgen. Je nach Kategorie fallen Art und Umfang der Rückgewinnungsaktivitäten im Rahmen des KRM unterschiedlich aus. Durch das Ranking kann
das Unternehmen feststellen, von welchem Kunden ein Großteil des Umsatzes ab-
hängt. Häufig wird laut Stauss und Seidel (2002, S. 233) die sogenannte 80-20 Regel beschworen. Diese besagt, dass 20 % der Kunden für 80 % des Gesamtumsatzes
verantwortlich sind. Deshalb ist es besonders wichtig, die wertvollen Kunden unbedingt zurück zu gewinnen (vgl. Michalski 2002, S. 193; Stauss und Seidel 2002,
S. 233; Schneider 2008, S. 121 f.).

Vorteil Die benötigten Daten zur Erstellung einer ABC-Analyse werden in der Regel problemlos bereitgestellt. Das Auswerten der Daten und das Segmentieren der Kunden verläuft zügig und ist kostengünstig (vgl. Michalski 2002, S. 193; Stauss und Seidel 2002, S. 233; Schneider 2008, S. 121 f.).

Nachteil Die ABC-Analyse ist im Allgemeinen gegenwarts- bzw. vergangenheitsorientiert. Entwicklungsmöglichkeiten der Kunden bleiben in diesem eindimensionalen Modell unberücksichtigt (vgl. Michalski 2002, S. 193; Stauss und Seidel 2002, S. 233; Schneider 2008, S. 121 f.).

Scoring-Modell

Das Scoring-Modell ist ein mathematisches, einfach strukturiertes, dabei differenzierbares sowie anpassungsfähiges Verfahren, um aktuelle oder abgewanderte Kunden zu bewerten. In einer mehrdimensionalen Analyse wird die Wertschätzung des aktuellen oder abgewanderten Kunden mittels Scoring-Werten untersucht (vgl. Cornelsen und Diller 2000, S. 149). Die Scoring-Methode ermöglicht eine Berücksichtigung von zukunftsbezogenen, qualitativen Aspekten. Das zukünftige Ertragspotenzial kann z. B. durch die Kriterien Alter, Beruf(sziel) und durch die Menge der bisher verwendeten Produkte/Dienstleistungen ermittelt werden. Es werden zunächst alle aus der Unternehmenssicht wichtigen Kundenmerkmale (qualitativ und quantitativ) gesammelt. Danach können Gewichtungen für die gesammelten Merkmale integriert werden. Es folgen eine Untersuchung der Kundenbeziehung auf Basis der aufgestellten Kriterien und deren Beurteilung mittels Punktevergabe. Die Bewertungen von Kundenbeziehungen werden innerhalb des Scoring-Modells typischerweise in einem Team durchgeführt (vgl. Günter und Helm 2006, S. 363). Um eine dynamische Kundenbetrachtung durchzuführen, kann die Scoring-Tabelle mit Potenzialwerten herangezogen werden (vgl. Bruhn 2012, S. 254).

Das bekannteste Verfahren hierzu ist die **RFMR-Methode** (Recency, Frequency, Monetary, Ratio), welche vor allem im Versandhandel angewandt wird. Hierbei sind die Kriterien für die Punktevergabe bzw. Bewertung bspw. die Häufigkeit der Käufe, das letzte Kaufdatum, die Anzahl der Retouren, der durchschnittliche Umsatz oder die Anzahl der Werbesendungen (vgl. Bruhn 2012, S. 254; vertiefend z. B. Schneider 2008, S. 125–128).

Zur Veranschaulichung des zuvor aufgeführten Scoring-Modells dient Tab. 4.1. Dieser ist der grundlegende Aufbau eines Scoring-Modells zur Bestimmung des Kundenwerts zu entnehmen.

Tab. 4.1 Grundlegender Aufbau eines Scoring-Modells zur Bestimmung des Kundenwerts. (Quelle: in Anlehnung an Schneider 2008, S. 129)

Faktor	Bedeutung (in %)	Punkte	Reichweite
Harte Faktoren			
Umsatz	0,10	10	1,00
Umsatzpotenzial	0,05	8	0,40
Deckungsbeitrag	0,30	5	1,50
Deckungsbeitragspotenzial	0,15	6	0,90
Liquiditätspotenzial	0,05	7	0,35
Weiche Faktoren			
Informationspotenzial	0,20	10	2,00
Cross-Selling-Potenzial	0,10	8	0,80
Referenzpotenzial	0,05	5	0,25
Kundenwert			7,20

Anmerkung: Die Punkteskala reicht von 1 (= kein Wert) bis 10 (= sehr hoher Wert)

Vorteil Einfache und schnelle Anwendung bei wenigen Kunden. Es besteht die Möglichkeit, nicht-monetäre Faktoren in die Bewertung einer Kundenbeziehung einfließen zu lassen (vgl. Michalski 2002, S. 195).

Nachteil Eine Problematik kann dahingehend gesehen werden, dass die Auswahl der Kriterien, die Zuordnung der Punktewerte und die Gewichtung der einzelnen Kriterien subjektiv vollzogen werden. Zudem weist das Modell einen kompensatorischen Charakter auf (vgl. Günter und Helm 2006, S. 363).

Customer Lifetime Value

Das Modell des Customer Lifetime Value (CLV) ist eine weitere hilfreiche Methode, um lukrative Kunden zu identifizieren. Das Modell bietet die Möglichkeit einer dynamischen Betrachtung der Kundenbeziehung und des Offenlegens von langfristigen Kundenpotenzialen (vgl. Schneider 2008, S. 130; Bruhn 2012, S. 256). Daraus wird der Wert eines Kunden, bezogen auf die gesamte Dauer der ersten Geschäftsbeziehung und der reaktivierten Geschäftsbeziehung, ermittelt (vgl. Hempelmann und Lürwer 2003). Darzulegen ist, dass die Zeitspanne der ersten Kundenbeziehung bei der Bewertung eine nicht zu vernachlässigende Rolle spielt. Üblicherweise weist jeder Kunde zu Beginn eine negative Profitabilität auf und durchläuft im Regelfall eine positive Entwicklung. Dies steht im Zusammenhang mit den Kosten der Neukundenakquisition (vgl. Reichheld und Sasser 1990, S. 105 ff.). Bei der Analyse des CLV wird der aktuelle Wert eines Kunden mittels Abzinsung sämtlicher Zahlungsströme von Anfang bis zum Ende der Geschäftsbeziehung bewertet (vgl. Stauss und Friege 1999, S. 351 ff.). Im Rahmen des KRM müssen die zukünftig zu erwartenden Zahlungsströme ebenfalls im CLV berücksichtigt werden. Die potenziellen zukünftigen Gewinne werden geschätzt. Zudem besteht die Möglichkeit, die Formel durch vorökonomische Faktoren, wie bspw. Cross-Selling-, Referenz-, Informations- oder Weiterempfehlungspotenzial, zu ergänzen (vgl. Michalski 2002, S. 195). Die genannten vorökonomischen Faktoren spielen neben den ökonomischen Faktoren eine wichtige Rolle für die Ermittlung des Kundenwerts. Unternehmen profitieren auch von einer hohen Weiterempfehlungsquote sowie von Informationen zur Leistungsverbesserung, welche durch den Kunden übermittelt werden.

Im Folgenden wurde die Kapitalwertemethode um den Faktor Cross-Selling-Potenzial ergänzt[2] (vgl. Michalski 2002, S. 1996).

$$CLV = A_0 + \Sigma_{t_1=0}^{e} U_{t_1} - K_{t_1} / (1+i)^{t_1} + \Sigma_{t_2=e+}^{n} U_{t_2} - K_{t_2} / (1+i)^{t_2}$$
$$+ (CS_t) / (1+i)^{t_2} \tag{4.1}$$

Legende:

A = Anfangsinvestition zur Kundengewinnung im Zeitpunkt $t=0$
U = Kundenbezogener Umsatz
K = Kundenbezogene Kosten
i = Zinssatz der Investition
t_1 = Dauer der ersten Kundenbeziehung in Jahren
t_2 = Vermutliche Dauer der reaktivierten Kundenbeziehung in Jahren
e = Zeitpunkt der vertraglichen Kündigung/Abwanderungszeitpunkt
e^+ = Zeitpunkt der Wiederaufnahme der beendeten Beziehung
n = Geschätzte Gesamtdauer der Kundenbeziehung
CS = Cross-Selling-Potenzial

In der Praxis gibt es allerdings ein Problem bei der Umsetzung des CLV. Dies ist darin zu sehen, dass eine kundenbezogene Zurechnung von Kosten und Umsätzen nur unter Verwendung der Prozesskostenrechnung möglich ist (vgl. Michalski 2002, S. 196). Aus diesem Grund können nur diejenigen Unternehmen das CLV als Segmentierungskriterium zur KR anwenden, die bereits die Prozesskostenrechnung implementiert haben. Das Modell des CLV wird vor allem in der Telekommunikations-, Banken- und Versicherungsbranche angewandt, da diese über umfangreiche Kundendaten verfügen (vgl. Schneider 2008, S. 133).

---

[2] Ein Beispiel zur Berechnung des CLV findet sich im Anhang.

Vorteil Mit nur einer Zahl kann die Vorteilhaftigkeit einer Geschäftsbeziehung unter Berücksichtigung von zukunftsorientierten Aspekten dargestellt sowie fundierte Handlungsempfehlungen abgeleitet werden (vgl. Schneider 2008, S. 133 f.).

Nachteil Die Anwendung ist sehr komplex. Häufig werden Szenario-Techniken nicht berücksichtigt, obwohl diese sehr wichtig sind, wenn es um die Bestimmung von Zukunftswerten geht. Des Weiteren bedarf es der passenden Gegebenheiten innerhalb des Rechnungswesens (vgl. Michalski 2002, S. 196).

Insgesamt ist festzuhalten, dass eine tiefgründige Kundenwertanalyse nicht durch die Anwendung einer einzelnen Methode möglich ist. Die Aussagekraft der separaten Methoden ist speziell. Aus diesem Grund ist eine ziel- sowie strategiegerichtete Vorgehensweise bei der Wahl der Bewertungsmethoden wichtig, um eine aussagefähige Kundenwertanalyse durchzuführen. Die Unsicherheit der prognostizierten Werte, die in die Kundenwertalgorithmen eingehen, ist bei der Anwendung von zukunftsbezogenen Methoden, welche eine wertorientierte Planung ermöglichen, zu beachten (vgl. Günter und Helm 2006, S. 367). Die zentrale Schwierigkeit besteht allerdings darin, in den genannten Modellen die Besonderheiten von Beziehungsabbrüchen und Beziehungswiederaufnahmen sowie deren möglichen Einfluss auf die zukünftige Attraktivität der Kunden zu erfassen (vgl. Rutsatz 2004, S. 149). Dies ist sehr wichtig, denn je höher der Kundenwert ausfällt, desto intensiver fallen die Rückgewinnungsbemühungen aus. Die Kosten der Rückgewinnung sollten den individuellen Kundenwert jedoch nicht übersteigen (vgl. Bruhn 2012, S. 264).

Die differenzierte Behandlung eines Kunden je nach Kundenwert wird durch das folgende Best-Practice-Beispiel dargelegt.

Beispiel: Differenzierte Behandlung eines Kunden je nach Kundenwert

Mobilfunkanbieter, wie z. B. Base, Vodafone oder Telekom, führen Segmentierungen nach Kundenwerten mit den aufgeführten Methoden durch, um die profitablen Kunden herauszufiltern und bei der Rückgewinnung exklusiver zu behandeln. Ein kundenwertbezogenes Call-Center-Routing ermöglicht bspw. eine schnellere Zuordnung von profitablen Kunden an einen Kundenbetreuer, vorausgesetzt, die Rufnummer der Anrufers wurde erkannt und zugeordnet (vgl. Bruhn 2012, S. 262).

4.1.4 Rückgewinnungsportfolio als Segmentierungsergebnis

Mit Hilfe des Rückgewinnungsportfolios kann eine spezielle Form der Kundenanalyse auf Grundlage kombinierter Kriterien erfolgen. Die jeweilige Position der verlorenen Kunden wird dabei in einem zweidimensionalen Raum abgebildet. Die vertikale Achse wird durch die Attraktivität der Kunden/Kundengruppen aus Sicht des Unternehmens gekennzeichnet. Die horizontale Dimension stellt die Wahrscheinlichkeit der Rückgewinnung mittels Prognosen des Unternehmens dar (vgl. Sauerbrey und Henning 2000, S. 31 f.; Homburg und Schäfer 1999a, S. 9 f.; vgl. Abb. 4.5).

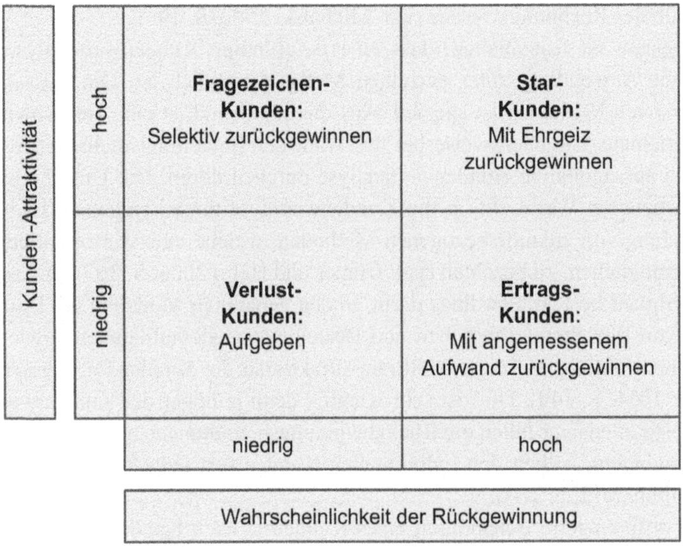

		Fragezeichen-Kunden: Selektiv zurückgewinnen	Star-Kunden: Mit Ehrgeiz zurückgewinnen
Kunden-Attraktivität	hoch		
	niedrig	Verlust-Kunden: Aufgeben	Ertrags-Kunden: Mit angemessenem Aufwand zurückgewinnen
		niedrig	hoch
		Wahrscheinlichkeit der Rückgewinnung	

Abb. 4.5 Rückgewinnungsportfolio. (Quelle: in Anlehnung an Homburg und Schäfer 1999b, S. 10)

In der Praxis ist eine genaue Messung der beiden Dimensionen kaum möglich, da es sich um Prognosen über potenzielle Verhaltensmuster handelt. Aus diesem Grund greifen Unternehmen zur Operationalisierung und insbesondere zur Bestimmung der Rückgewinnungswahrscheinlichkeit sowohl auf Schätzungen als auch auf Scoring-Modelle zurück (vgl. Sauerbrey und Henning 2000, S. 32).

Für die Evaluierung der Rückgewinnungswahrscheinlichkeit können durch branchenübergreifende Studien Annahmen über Erfolgsfaktoren zur Wiederaufnahme einer Geschäftsbeziehung getroffen werden (vgl. Sieben 2002, S. 66–80).

Bearden und Teel (1983) zeigen auf, dass Aktivitäten, die Kundenerwartungen erfüllen oder übertreffen, eine Zufriedenheit beim Kunden hervorrufen. Deshalb legen Plausibilitätsüberlegungen nahe, dass die Zufriedenheit der Kunden mit den Rückgewinnungsaktivitäten einen positiven Einfluss auf den Rückgewinnungserfolg haben (vgl. Sieben 2002, S. 71). Ebenso stellt Sieben die Hypothese auf, dass das Involvement[3] des Kunden eine positive Wirkung auf die Wahrscheinlichkeit der Rückgewinnung hat. Es ist zu vermuten, dass involvierte Kunden selbst nach einer Abwanderungsentscheidung kognitiv bzw. affektiv aktiviert sind. Dies kann zu einem hohen Engagement des abwandernden Kunden im Rahmen der Rückgewinnungsaktivitäten führen (vgl. Kroeber-Riel und Weinberg 1996, S. 360). Es ist demnach anzunehmen, dass involvierte Kunden ihre Abwanderungsgründe dem Unternehmen gegenüber konkret darlegen (vgl. Baxter 1985). Dies ist sehr hilfreich, um kundenspezifische Rückgewinnungsaktivitäten zu entwickeln und dadurch die Rückgewinnungswahrscheinlichkeit zu erhöhen.

Eine weitere Einflussgröße ermittelte Sieben (2002, S. 78 f.) durch Untersuchungen von Unternehmen mit Rückgewinnungserfahrungen. Es wurde festgestellt, dass ein höheres Alter von Kunden einen positiven Einfluss auf die Chance der Rückgewinnung hat. Dies ist darauf zurückzuführen, dass sich auf der einen Seite Risikobereitschaft sowie Flexibilität bei älteren Kunden verringern und auf der anderen Seite Treue, Loyalität und gewohnheitsmäßiges Verhalten gegenüber dem Unternehmen steigern (vgl. Kroeber-Riel und Weinberg 1999, S. 392 ff.; Weinberg 2000, S. 49). Für ältere Kunden stellt eine Abwanderung eine unsichere Risikosituation dar. Jedoch würde das Risiko durch das Fortführen bzw. durch eine erneute Aufnahme der vertrauten Geschäftsbeziehung minimiert. Daraus lässt sich schließen, dass die Rückgewinnungswahrscheinlichkeit bei durchschnittlich älteren Kunden höher ist als die von jüngeren Kundengruppen (vgl. Sieben 2002, S. 76). Zudem hat die Dauer der Geschäftsbeziehung einen Einfluss auf die Opportunität, abgewanderte Kunden wieder für das Unternehmen zu gewinnen. Es lässt sich vermuten: Je länger ein Kunde die Leistung eines Unternehmens in Anspruch genommen hat, desto höher ist dessen Loyalität dem Anbieter gegenüber. Daraus kann geschlossen werden, dass ein Kunde besonders nach einer langandauernden Geschäftsbeziehung dem Anbieter gegenüber eine gewisse Restloyalität aufweist und daher für Rückgewinnungsaktivitäten empfänglicher ist (vgl. Sieben 2002, S. 77 f.). Sauerbrey und Henning (2000, S. 32) legen zudem dar, dass Kunden mit einem hohen Haushalts-Nettoeinkommen eine höhere Wiederaufnahmebereitschaft aufweisen.

Eine weitere Vermutung bezieht sich auf die Umsatzintensität des Kunden vor seiner Abwanderung. Je höher die Umsatzintensität des Kunden war, desto geringer ist die Wahrscheinlichkeit und desto höher der Aufwand, diesen wieder für das Unternehmen zu begeistern (vgl. Rutsatz 2004, S. 141). Häufig kündigen sehr gute

---

[3] „Involvement ist der Aktivierungsgrad bzw. die Motivstärke zur objektgerichteten Informationssuche, -aufnahme, -verarbeitung und -speicherung" (Trommsdorff 2004, S. 56).

Kunden ausschließlich wegen nachhaltiger Unzufriedenheit oder durch ein Abwerben der Konkurrenz, welche ein besseres Preis-Leistungs-Verhältnis anbietet.

Die Wiederaufnahmewahrscheinlichkeit kann auch direkt durch Rückkehrbarrieren von rechtlicher, ökonomischer, technologischer, sozialer, psychischer oder persönlicher Art beeinflusst werden (vgl. Sauerbrey und Henning 2000, S. 32).

Hierzu im Rahmen der Rückkehrbarrieren Beispiele aus der Praxis (in Anlehnung an Sauberbrey und Henning 2000, S. 32):

Beispiele: Rückkehrbarrieren

Rechtlich: Ein abgeschlossener Mobilfunkvertrag bei XY mit einer Laufzeit von zwei Jahren verhindert die Rückkehr des abgewanderten Kunden für die Zeitdauer der Vertragslaufzeit.

Ökonomisch: Austrittsgebühren oder aufwändige Austrittsverfahren des Wettbewerbers erschweren die Rückgewinnung. Zudem stellen umfangreich organisierte Kundenclubs der Konkurrenten ein Problem in der Rückgewinnung dar, denn der Kunde wird dem Unternehmen treu bleiben, welches ihm die beste Kosten-Nutzen-Relation ermöglicht. Der Versandhandel XY bietet seinen Kunden bspw. im Rahmen des Kundenclubs umfangreiche Vorteile in Bezug auf Preis und Service.

Technologisch: Ein ehemaliger Kunde des IT-Herstellers XY wird keinen Laptop mehr von diesem Unternehmen verwenden wollen, wenn er großen Wert auf Computerspiele legt, die bspw. lediglich mit einem Betriebssystem kompatibel sind, das auf diesem Rechner nicht installiert werden kann.

Sozial: Aufgrund von Unzufriedenheit mit der Serviceleistung der Bank XY beendet der Kunde die Geschäftsbeziehung. Er bezieht nun die Leistung bei einem befreundeten Filialleiter einer anderen Bank.

Psychisch: Das Unternehmen XY hat seine Produktversprechen nicht einhalten können. Dadurch möchte der abgewanderte Kunde dessen Leistung nicht mehr in Anspruch nehmen.

Persönlich: Der Kunde musste aufgrund von finanziellen Engpässen sein Konto bei der Bank XY auflösen.

Für die Einschätzung der Kundenattraktivität sind die folgenden beiden Parameter entscheidend (vgl. Rutsatz 2004, S. 154):

1. Umsatzintensität im Fall der KR
2. Bindungsdauer im Fall der KR

Ebenso können aber auch die Faktoren, wie Referenzwert, Cross-Selling-Potenzial oder Kundenloyalität berücksichtigt werden (vgl. Berghorn 2009, S. 29). Eine weitere Möglichkeit, die Kundenattraktivität einzuschätzen, sind die Ergebnisse der Scoring-Methode oder die Kundenbewertung durch den CLV (vgl. Schüller 2005, S. 119).

Eine Bewertung der Kundendaten in Bezug auf Umsatz und Bindungsdauer dient als Basis für die Einschätzung der Kundenattraktivität. Jedoch gibt es wie bei der Ermittlung der Rückgewinnungswahrscheinlichkeit keine Methode, um die Kundenattraktivität hundertprozentig korrekt darzustellen und einwandfreie Schlüsse auf die zweite Geschäftsbeziehung zu ziehen (vgl. Rutsatz 2004, S. 148). Aus dem bisherigen Verhalten der Kunden ist keine sichere Einschätzung des zukünftigen Verhaltens möglich (vgl. Sauerbrey und Henning 2000, S. 30). So kann in einigen Fällen ein ehemals attraktiver und loyaler Kunde nach einer Rückgewinnung weniger attraktiv und loyal sein (vgl. Rutsatz 2004, S. 222). In der Literatur finden sich jedoch zahlreiche Erkenntnisse, dass zurückgewonnene Kunden durchaus profitabler und loyaler als Neu- oder Stammkunden sind (vgl. Homburg und Schäfer 1999a).

Infolgedessen ist es für diese Unternehmen nicht möglich, individuelle Aussagen über eine kundenspezifische Profitabilität zu treffen. Aus diesem Grund versuchen diese Unternehmen nicht nur attraktive, sondern alle Kunden zurückzugewinnen. Bei vielen Unternehmen gibt es keine aussagekräftige und vollkommen zuverlässige Werte, die die Kundenattraktivität messbar machen. Hinzuzufügen ist, dass viele Untersuchungen, welche abweichende Ergebnisse hinsichtlich Kundenattraktivität und Bindungsdauer in Bezug auf die erste und zweite Geschäftsbeziehung aufweisen, im Versandhandel und Direktmarketing ermittelt wurden (vgl. Krafft 2004, S. 35 f.; Rutsatz 2004). Es könnte sich also um branchenspezifische Abweichungen handeln. Diese müssen noch für den Einzelfall und branchenübergreifend untersucht und geprüft werden (vgl. Krafft 2004, S. 35 f.).

Unternehmen, die sich bei der KR ausschließlich auf ehemals attraktive Kunden konzentrieren, nutzen die Potenziale der Rückgewinnung zwar nicht vollständig aus, weisen jedoch trotzdem einen Wettbewerbsvorteil auf, da die KR systematisch durchgeführt wird (vgl. Rutsatz 2004, S. 181).

Die in dem Portfolio (Abb. 4.5) skizzierten Normstrategien geben Anhaltspunkte für die Intensität der segmentspezifischen Rückgewinnungsaktivitäten (vgl. Homburg et al. 2003, S. 63). Zudem trägt es dazu bei, eine Fehlallokation von Zeit und Kosten zu vermeiden. Folglich eignet sich das Rückgewinnungsportfolio als Segmentierungsergebnis.

4.2 Maßnahmen zur Kundenrückgewinnung

Art und Umfang der Rückgewinnungsmaßnahmen sollten also je nach Kunden-wert festgelegt werden. Demnach liegt die Konzentration der Maßnahmen zur KR in erster Linie auf den Starkunden. Es folgen die Ertragskunden, und nachrangig werden die Fragezeichenkunden im KRM beachtet. Es gilt, die ungewollt abge-wanderten und abgeworbenen Kunden wieder für das Unternehmen zu begeistern, um jegliche Potenziale des Unternehmens zu verbessern und zu steigern (vgl. Sau-erbrey und Henning 2000, S. 37).

Der Erfolg der KR wird grundlegend von der kundenseitig wahrgenommenen Qualität der KR-Maßnahmen beeinflusst (vgl. Homburg et al. 2004). Die Qualität der KR umfasst den richtigen Zeitpunkt der Kontaktaufnahme, die Art und Weise des Rückgewinnungskontakts, die Lösung eines evtl. bestehenden Problems sowie ein kundenspezifisches Rückgewinnungsangebot. Auf Basis der vorhergehenden Analyse und Segmentierung der Kunden sind individuelle Rückgewinnungsmaß-nahmen kundenorientiert zu gestalten (vgl. Schöler 2006, S. 616).

Zur Charakterisierung der verschiedenen Kundenkategorien folgende praxis-bezogenen Beispiele:

Beispiele: Charakterisierung der verschiedenen Kundenkategorien

Starkunden: Starkunden eines Versandhandels erbringen ein sehr hohes Ein-kaufsvolumen über einen langfristigen Zeitraum und sind demnach sehr wichtig für das Unternehmen.

Ertragskunden: Treue Kunden im höheren Alter (Rentenalter), deren Ent-wicklungspotenzial gering ist, die aber dennoch konstante Erträge generieren. Dies könnte beispielsweise ein langjähriger Kunde eines stationären Einzel-handels sein, im Alter von 77 Jahren, dessen Bedürfnisse gleich bleiben. Es be-stehen keine hohen Entwicklungsmöglichkeiten in Bezug auf höhere Umsätze durch den Kunden.

Fragezeichenkunden: Studenten können in diesem Bereich angesiedelt werden, da diese aktuell über ein geringes Einkommen verfügen. Diese Situa-tion kann sich nach Studienabschluss verändern. Somit stellt diese Gruppe ein erhöhtes Zukunftspotenzial dar.

Verlustkunden: Ein Kunde hat sich beispielsweise wegen Unzufriedenheit auf Grund eines mangelhaften Services und mangelnder Produktqualität eines Versandhandels dazu entschieden, von nun an lediglich im stationären Einzel-handel einzukaufen.

4.2.1 Der richtige Zeitpunkt der Kontaktaufnahme

Bei der Bestimmung des richtigen Zeitpunkts zur Kundenansprache nach der Kündigung können zwei Arten unterschieden werden (Sauerbrey und Henning 2000, S. 33 f.):

- Kontaktaufnahme mit dem Zielkunden direkt nach Kündigung oder Verlust des Auftrags (KR 1)
- Kontaktaufnahme mit ehemaligen Kunden nach einem längeren Zeitraum (KR 2)

Die Ansprache von ehemaligen Kunden nach einer längeren Zeitspanne (KR 2), die in den Rahmen der Revitalisierung fällt, ist mit der Akquisition von Neukunden zu vergleichen. Deshalb kann auf die bereits bewährten Verfahren zurückgegriffen werden. Der Zeitraum zwischen Kundenverlust und Wiederansprache wird von der Art der Dienstleistung und Branche sowie der branchenüblichen Nutzungsdauer bestimmt. Im Vergleich zu der reinen Neukundenakquisition ist die KR 2 als vorteilhaft zu bewerten, denn ehemalige Kunden waren immerhin schon einmal für einen bestimmten Zeitraum mit dem Unternehmen und dessen Leistungen zufrieden. Aus diesem Grund ist bei den Kunden nicht selten eine gewisse Restloyalität gegenüber dem Anbieter vorhanden (vgl. Sauerbrey und Henning 2000, S. 33; Homburg und Schäfer 1999b, S. 2). Zudem hat der ehemalige Kunde eventuelle Differenzen innerhalb der Geschäftsbeziehung bereits vergessen. Durch die längere Zeitspanne zwischen Kündigung und Kontaktaufnahme ist die sogenannte „Honeymoon-Phase" der neuen Geschäftsbeziehung wahrscheinlich bereits vorüber. Infolgedessen stehen die Kunden ihrem derzeitigen Anbieter eventuell schon kritisch gegenüber, was die Möglichkeit und Wahrscheinlichkeit der KR erhöht (vgl. Sauerbrey und Henning 2000, S. 33).

Der unmittelbare Versuch der KR direkt nach der Kündigung (KR 1) verspricht höhere Erfolgsaussichten. Viele der publizierten Studien über Rückgewinnungs-Timing belegen, dass die Ansprache der abgewanderten Kunden unmittelbar bzw. zeitnah nach der Kenntnis der Abwanderung erfolgen sollte (vgl. Pick 2008, S. 254; Stauss und Friege 2006, S. 526). Für eine zeitnahe Kontaktaufnahme mit den Kunden spricht, dass diese die Leistungen des Unternehmens noch in Erinnerung haben und noch nicht an einen neuen Anbieter gebunden sind. Je länger die Zeitspanne bis zur Kontaktaufnahme andauert, desto höher ist die Wahrscheinlichkeit, dass der abgewanderte Kunde bereits eine neue Geschäftsbeziehung eingegangen ist (vgl. Keaveney 1995, S. 79).

Gehen abgewanderte Kunden unmittelbar nach ihrer Kündigung mitgliedschaftsähnliche Verträge mit einer gewissen Vertragslaufzeit ein, so sind diese tatsächlich für einen bestimmten Zeitraum verloren. Auch bei nicht-formalisierten Geschäftsbeziehungen können die Erfahrungen, die ein abgewanderter Kunde bei einem neuen Anbieter sammelt, zu Wechselbarrieren einer Rückkehr führen. Zudem ist eine frühzeitige Ansprache auch aus rechtlicher Sicht wichtig (vgl. Pick und Krafft 2009, S. 133). Laut § 7 UWG dürfen die abgewanderten Kunden („Ehemalige") nur mit Einverständnis telefonisch kontaktiert werden. Die Kontaktaufnahme per Telefon vier bis sechs Wochen nach Kündigung kann als unzumutbare Störung eingestuft werden und ist daher nicht legal (vgl. Schöler 2006, S. 617). Der Kunde kann ein Einverständnis zum Anruf mündlich, fernmündlich oder schriftlich erteilen, wobei die schriftliche Form bei der Klärung von Rechtsfragen wünschenswert ist (vgl. Wirtz 2009, S. 177–179).

Prinzipiell lässt sich daraus schließen, dass es keine allgemeingültige Empfehlung zum Timing gibt. Bei der Bestimmung des richtigen Zeitpunkts zur Kontaktaufnahme spielen die Abwanderungs- bzw. Kündigungsgründe eine entscheidende Rolle (vgl. Mann 2009, S. 175). Liegt der Grund der Abwanderung bspw. im Variety-Seeking, lohnt es sich, den abgewanderten Kunden in KR 2 einzustufen. Ist eine Kündigung aber aus Unzufriedenheit erfolgt, muss eine Kontaktaufnahme umgehend durch die Zuordnung in KR 1 erfolgen, um die Rückgewinnungswahrscheinlichkeit zu erhöhen. Demnach fallen die in Abschn. 4.1 identifizierten Zieltypen der KR, „Schläfer" und „Ehemalige" in KR 2 und die Typen „Reduzierer" und „Kündiger" in KR 1.

Beispiel: Zeitnahe Kontaktaufnahme zur KR

Unternehmen, die einen besonders großen Wert auf eine zeitnahe Kontaktaufnahme im Rahmen von KR 1 legen, sind Mobilfunkanbieter. Diese setzen nach Eingang des Kündigungsschreibens z. B. auf eine direkte telefonische Kontaktaufnahmen mit dem Kunden. Der Kundenbetreuer bzw. der zuständige Call-Center-Mitarbeiter ruft den abwandernden Kunden dabei mehrfach an, bis ein Telefongespräch bezüglich der Kündigung durchgeführt werden konnte (vgl. Florl 2000, S. 90).

4.2.2 Kontaktaufnahme mittels Dialogmarketing

Die Strategie des Dialogmarketings bewährt sich nicht nur für die Neukundenakquise, sondern ebenso für die KR und hilft dabei, verlorenes Vertrauen wieder aufzubauen (vgl. Mann 2009, S. 171). Im Folgenden wird zunächst der Begriff „Dialogmarketing" durch eine Definition erläutert. Danach werden die verschiedenen Methoden, welche sich zur KR eignen, vorgestellt. Abschließend wird darauf eingegangen, welche Maßnahmen sich für die Star-, Ertrags-, Fragezeichen- und für die Verlustkunden eignen.

▶ Im **Dialogmarketing** soll eine interaktive Kommunikation mit der Zielperson aufgebaut werden. Eine Botschaft des Unternehmens ist auf Reaktion ausgerichtet, diese Reaktion wird erfasst und gespeichert und für die folgende Botschaft ausgewertet. Es kommt ein Dialog zustande […] (Holland 2002, S. 10)

Es gibt eine Reihe von „neuen Dialogmedien". Jedoch sind diese nicht alle gleichermaßen geeignet, um Kunden zurückzugewinnen. SMS, Blogs oder Foren/Communities haben keine große Reichweite. Video-Konferenzen, Chats oder E-Mails werden zwar von zahlreichen Kunden genutzt, jedoch sind diese Medien, ebenso wie die davor genannten, nicht für jede Zielgruppe geeignet.

Für einen erfolgreichen Dialog ist es wichtig, dass beide Dialogpartner dem Medium offen gegenüberstehen. Ein komplizierter Kontakt verhindert eine erfolgreiche Rückgewinnung (vgl. Mann 2009, S. 166 f.). Häufig werden die „klassischen Medien" wie das persönliche Gespräch, Telefongespräch oder der volladressierte Brief angewandt (vgl. Schöler 2006, S. 617; Michalski 2002; Sauerbrey und Henning 2000). Die Studie von Neu (2011) bestätigt dies. Die Mehrheit der befragten Unternehmen (39 %) nutzt zur KR das Telefon. 31 % initiieren einen Dialog via Brief. Etwas weniger Unternehmen verwenden den Kommunikationskanal E-Mail (23 %) oder das Fax (7 %) um, abgewanderte Kunden zurückzugewinnen. Abbildung 4.6 verdeutlicht nochmals die genaue Verteilung der Kommunikationskanäle zur Ansprache der abgewanderten Kunden.

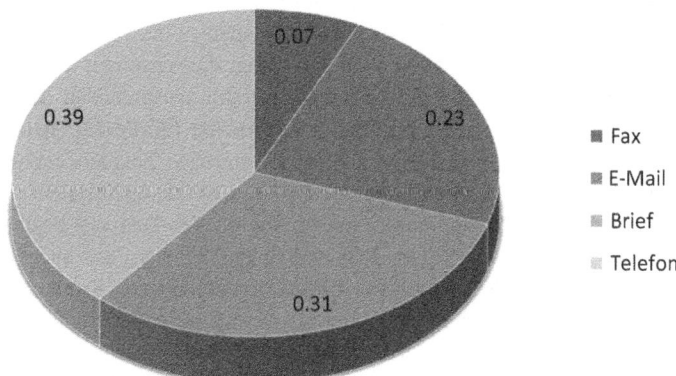

Abb. 4.6 Kommunikationskanäle zur Ansprache abgewanderter Kunden. (Quelle: in Anlehnung an Neu 2011)

Bei der Wahl der passenden Kommunikationsstruktur bzw. des -mediums sollte unbedingt auf die Art und Weise der vergangenen Kommunikation geachtet werden. Hat die Kommunikation während der Geschäftsbeziehung bspw. ausschließlich auf dem telefonischen Wege stattgefunden, wäre es nicht sinnvoll, KR über eine E-Mail zu versuchen.

Demnach orientiert sich der Kontaktkanal meistens an dem Vertriebsweg des Anbieters bzw. an dem gewohnten Umfeld des Dialogs während der Geschäftsbeziehung sowie dem präferierten Weg des abgewanderten Kunden (vgl. Sauerbrey und Henning 2000, S. 34; Schöler 2006, S. 617). Die am häufigsten angewandten Maßnahmen der Kontaktaufnahme ("klassische Medien" sowie "neue Medien") können in einen persönlichen und unpersönlichen Kontakt sowie in einer standardisierten oder nicht standardisierten Form aufgeteilt werden (vgl. Mann 2009, S. 166 ff.). Abbildung 4.7 visualisiert die Möglichkeiten zur Kontaktaufnahme mit einem abgewanderten Kunden.

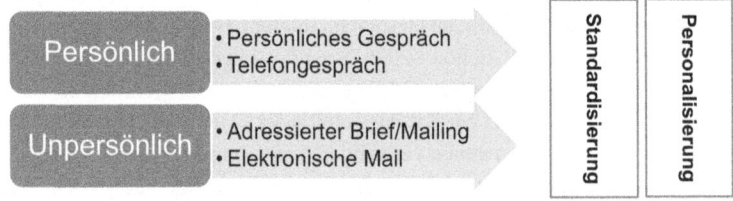

Abb. 4.7 Möglichkeiten zur Kontaktaufnahme

Persönliche Kontaktaufnahme

Die persönliche Kontaktaufnahme eignet sich besonders bei wertvollen, jedoch enttäuschten und unzufriedenen Kunden, bei denen das Vertrauen in Mitleidenschaft gezogen wurde. Es besteht ein hohes Interaktivitätspotenzial durch eine persönliche Korrespondenz. Der zuständige Mitarbeiter für die KR (KR-Agent) hat die Möglichkeit, umgehend auf den abgewanderten Kunden einzugehen, bei Bedarf nachzufragen und zu klären, warum der Kunde unzufrieden ist (vgl. Mann 2009, S. 172). Während eines kundenindividuellen Dialoges bezieht sich der Mitarbeiter des Unternehmens direkt auf Besonderheiten des abgewanderten Kunden. Die Besonderheiten bzw. Informationen über den Kunden werden fortlaufend elektronisch erfasst und sind für die KR-Agenten zugänglich. Ein standardisierter Dialog findet in einem genormten Ablauf statt. Das bedeutet, dass innerhalb des Gesprächs Standardfragen oder -taktiken angewandt werden (vgl. Pick 2008, S. 59).

Persönliches Gespräch (Treffen)

Ein persönliches Gespräch bei einem Treffen ist aufgrund der Multisensualität sehr gut geeignet, um die Kündigungsursachen zu analysieren (vgl. Bruhn und Michalski 2001, S. 121). Ebenso ist es von Vorteil, den abgewanderten Kunden zur Wiederaufnahme der Geschäftsbeziehung zu motivieren (vgl. Stauss 2000, S. 465). Dies ist während eines persönlichen Gesprächs leichter, denn die emotionale Reaktion des gekündigten Kunden kann besser eingeschätzt werden. Jedoch besteht auch die Gefahr, dass sich dieser während des Gesprächs bedrängt fühlt und somit in eine Abwehrhaltung dem Unternehmen gegenüber rückt (vgl. Michalski 2002, S. 201).

Die Kommunikationspartner sind beide zeitlich und örtlich gebunden, was relativ teuer und aufwändig ist. Eine Steigerung der Kosten kann zusätzlich entstehen, wenn ein führender Mitarbeiter das Face-to-Face-Gespräch mit dem Kunden führt (nur bei sehr lukrativen Kunden). Diese Vorgehensweise erhöht jedoch die Rückgewinnungswahrscheinlichkeit (vgl. Hoffmann und Chung 1999, S. 78).

Ein Gespräch mit dem bisherigen Kundenbetreuer ist häufig nicht konstruktiv, wenn der Kunde aus Unzufriedenheit abwanderte. Es ist nicht selten, dass Kündigungen im Zusammenhang mit dem zuständigen Mitarbeiter stehen. Die Unzufriedenheit der Kunden und die nicht erfüllten Erwartungen bzw. Versprechen werden häufig mit dem zuständigen Mitarbeiter assoziiert (vgl. Michalski 2002, S. 201).

Beispiel: Kundenrückgewinnung durch persönliches Gespräch

Ein Teil der Kreditwirtschaft verfolgt die Rückgewinnungsphilosophie eines persönlichen Gesprächs. Dazu lädt der zuständige, gut vorbereitete Kundenbetreuer den abgewanderten Kunden in die Filiale ein. Durch einen Smalltalk baut der Kundenbetreuer eine vertrauensvolle Basis auf, um im Zuge dessen den Rückgewinnungsversuch durchzuführen. Dies geschieht durch die Unterbreitung des richtigen Rückgewinnungsangebots und unter Beachtung des Kundensegments. Einen genauen Gesprächsleitfaden gilt es dabei nicht zwanghaft zu berücksichtigen. Grundlegend ist die Erreichung des Ziels der Rückgewinnung.

Telefongespräch

Das Telefongespräch ist ein weiterer nützlicher Kommunikationskanal, um mit abgewanderten Kunden in Kontakt zu treten und sie für das Unternehmen zurückzugewinnen. Jedoch sind die aufgeführten rechtlichen Gegebenheiten unbedingt zu berücksichtigen.

Die Telefongespräche können von KR-Agenten, Kundenberatern bzw. Filialleitern sowie von einem internen oder externen Call-Center durchgeführt werden.

Jedoch ist die Kontaktaufnahme durch den Kundenberater, wie bei dem persönlichen Gespräch, als kritisch zu betrachten. Es kann sich als kontraproduktiv erweisen, wenn die Unzufriedenheit und die daraus resultierende Kündigung aufgrund von Beziehungsstörungen zwischen Kunde und Kundenberater entstanden.
Ist eine solche Situation gegeben, ist es ebenfalls sinnvoller, leitende Angestellte
die Kontaktaufnahme durchführen zu lassen, um somit die Wahrscheinlichkeit der
Rückgewinnung zu erhöhen (vgl. Michalski 2002, S. 201).

Die Kontaktaufnahme per Telefon ist zwar kostengünstiger als das persönliche Gespräch, jedoch gibt es auch Nachteile in dieser Art der KR. Es besteht die
Möglichkeit, dass Kunden schlecht erreichbar sind oder eine Rückkehrzusicherung
bereits während des Telefonats getroffen werden muss. Dadurch kann eine Über-
forderung beim Kunden entstehen, welche zu einer Abwehrhaltung dem Unternehmen gegenüber führen kann (vgl. Pick 2008, S. 60).

Call-Center bieten ebenso die Möglichkeit, mit abgewanderten Kunden in einen Dialog zu treten. Dabei kann zwischen einem internen und einem externen
Call-Center unterschieden werden. Ein internes Call-Center ist eine betriebseige-
ne Abteilung, die telefonisch mit den abgewanderten Kunden Kontakt aufnimmt.
Ein externes Call-Center ist eine outgesourcte Abteilung, wobei diese Methode
umstritten ist. In der Vergangenheit hat sich gezeigt, dass die Einschaltung von
externen Call-Centern aus diversen Gründen nicht immer zum erwünschten Rückgewinnungserfolg führt. Hauptsächlich beschränkt sich das Vorurteil auf eine
geringere Qualität der Bearbeitung der einzelnen Geschäftsvorfälle bzw. auf die
geringere Fachkompetenz der Call-Center-Mitarbeiter. Besonders in der Dienstleistungsbranche kann dem, z. B. durch die Entwicklung von Telefonleitfäden mit
Einwandbehandlungen oder durch ausreichend fachlich-vertriebliche Schulungen
für die externen Mitarbeiter, entgegengewirkt werden. Ebenso sind direkte, res-
pekt- und vertrauensvolle Kommunikationsschnittstellen zwischen dem externen
Call-Center und den Mitarbeitern des Unternehmens zur Ausführung einer hervor-
ragenden Leistung förderlich. Des Weiteren sollten die Mitarbeiter des externen
Call-Centers DV-technische Unterstützung erfahren, im Sinne von Bestandsver-
waltungs- und Angebotsprogrammen. Zugewiesene Handlungsspielräume sind zudem förderlich, um das Rückgewinnungsgespräch bestmöglich zu gestalten. Unternehmen sehen bei der Beauftragung von Call-Centern nicht nur die potenziellen
fachlichen Mängel der Mitarbeiter, sondern auch die Problematik der Weitergabe
von sensiblen und vertraulichen Kundendaten. Jedoch müssen sich Unternehmen
darüber bewusst sein: Für eine erfolgreiche KR müssen alle notwendigen Informationen an das externe Call-Center weitergegeben werden, um die Qualität der
Rückholgespräche nicht zu gefährden und das Entstehen von Rückfragen zu vermeiden (vgl. Michalski 2002, S. 201; Sauerbrey und Henning 2000, S. 42–46).

Die Vorteile eines externen Call-Centers liegen zum einen in der Entlastung der Kundenberater im Tagesgeschäft und zum anderen in der höheren Kommunikationskompetenz der Call-Center-Mitarbeiter. Zudem kann eine telefonische Kontaktaufnahme durch das Call-Center auch von den üblichen Arbeitszeiten abweichen, d. h., Anrufe können auch in den Abendstunden getätigt werden. Laut Sauerbrey und Henning (2000, S. 42) sind insgesamt maximal drei Anrufversuche zu unterschiedlichen Tageszeiten wirtschaftlich vertretbar.

Wie aufgeführt, besteht grundsätzlich die Möglichkeit, die Rückgewinnungsmaßnahmen intern oder extern durchzuführen. Die Studie von Neu (2011) bestätigt allerdings, dass 82 % der Studienteilnehmer die KR-Maßnahmen intern durchführen.

Beispiel: Kundenrückgewinnung durch Telefongespräch

Nicht selten wird in der Bankenbranche eine telefonische Kontaktaufnahme mit dem abgewanderten Kunden durch speziell geschulte interne KR-Agenten bevorzugt. Die Philosophie der telefonischen Kontaktaufnahme liegt in der Begründung, dass abgewanderte Kunden einem Rückgewinnungsversuch am Telefon offener gegenüber stehen, da sie so keinen zusätzlichen Aufwand für das Gespräch in Kauf nehmen müssen (bspw. eine lange Anfahrt zu einem persönlichen Treffen). Dabei gibt es grobe Telefonleitfäden zur Abarbeitung der wichtigsten Punkte eines Rückgewinnungsgesprächs.

Unpersönliche Kontaktaufnahme: Briefe/Mailings und E-Mails

Die Medien der unpersönlichen Kontaktaufnahme zur KR umfassen elektronische Mailings/E-Mails und das Versenden von Briefen über den postalischen Weg. Weitere unpersönliche Dialogmedien umfassen bspw. Werbung in Printmedien, TV oder Kino. Diese sind jedoch eher zur Neukundenakquise geeignet, denn durch den Einsatz von Massenmedien werden die abgewanderten Kunden nicht persönlich angesprochen. E-Mails oder Briefe, welche persönlich an die abgewanderten Kunden gerichtet sind, enthalten Responseelemente, wie bspw. Coupons, Service-Telefonnummern oder Vertragsdokumente (vgl. Pick 2008, S. 59 f.). Die unpersönliche Kontaktaufnahme kann ebenso wie die persönliche Kontaktaufnahme kundenspezifisch individualisiert werden. Ein Mailing kann als standardisiertes oder individuelles Anschreiben versendet werden, wobei das individuelle Anschreiben als wirksamer eingestuft wird (vgl. Bruhn und Michalski 2001, S. 121). Dies bestätigt auch Rutsatz (2004, S. 216–218) durch ein Rückgewinnungsexperiment. Neben der Personalisierung im Brieftext können auch eine personalisierte Formulierung bzw. eine Bezugnahme auf die Abwanderungsgründe sowie Rückgewinnungsangebote wesentlich zum Rückgewinnungserfolg beitragen. Des Weiteren kann sich auch das äußere Erscheinungsbild des Mailings/Briefs bzw. der E-Mail als relevant erweisen (vgl. Mann 2009).

Aus rechtlicher Sicht gibt es bis jetzt keine Hindernisse, die abgewanderten Kunden per Brief zu kontaktieren. Eine Kontaktaufnahme per Brief ist jedoch als unzulässig einzustufen, wenn der Adressat einen ausdrücklichen Widerspruch hiergegen eingelegt hat (bspw. durch die Eintragung in der Robinsonliste[4]) (vgl. Mann 2009, S. 174).

Briefe können Kunden bspw. durch die Beilage von Give-Aways, Beduftungen sowie Falt- oder Klappmöglichkeiten multisensual ansprechen. Zudem vermitteln sie Glaubwürdigkeit, Kompetenz und Seriosität durch emotionale Anreize, die beim Empfänger des Briefs geweckt werden.

Dieses Aktivierungs- sowie Emotionalisierungspotenzial ist bei dem Einsatz von E-Mails eher schwierig zu erreichen. Jedoch ist die Kontaktaufnahme per E-Mail kostengünstiger (vgl. Mann 2009, S. 174). Der Nachteil einer unpersönlichen schriftlichen Ansprache per Brief liegt in der Gefahr, dass das Schreiben als Werbepost betrachtet wird und daher nicht weiter beachtet wird.[5]

Je nach Zuordnung des Kunden in die Segmente Star-, Ertrags-, Verlust- und Fragezeichenkunden sowie unter Berücksichtigung der Abwanderungsursache werden die Methoden zur Kontaktaufnahme spezifiziert und individualisiert.

Starkunden Dieses lukrative Kundensegment erfährt am meisten Aufmerksamkeit und Individualisierung in der KR. Am besten eignen sich persönliche Gespräche, um die Kündigungsursachen der wertvollen Kunden zu identifizieren sowie zu analysieren. Probleme können dadurch schnellstmöglich beseitigt werden und es kann auf Kundenbedürfnisse eingegangen werden. Aufgrund des hohen Kundenwerts findet das persönliche Gespräch häufig mit einem leitenden Mitarbeiter statt (vgl. Pick 2008; Sauerbrey und Henning 2000, S. 35).

Ertragskunden Hier empfiehlt sich eine Kontaktaufnahme per Telefon. Diese ist kostengünstig, weist jedoch die Vorteile eines persönlichen Gesprächs auf. Je nach Kundenwert und Abwanderungsgrund kann das Gespräch individualisiert oder standardisiert stattfinden (vgl. Michalski 2002; Sauerbrey und Henning 2000, S. 35).

---

[4] Die Robinsonliste ist eine gemeinnützige Einrichtung, die es Verbrauchern ermöglicht, sich kostenfrei in die Schutzliste einzutragen, um sich somit besser vor unaufgeforderten Werbesendungen und Telefonanrufen zu schützen (I.D.I. o. J.).

[5] Einer Studie zufolge lesen 24 % die empfangene Werbepost, und nur 8 % reagieren auf diese (vgl. Krafft et al. 2005, S. 250).

Verlustkunden Es sollte auf keinen Fall vergessen werden, auch mit den Verlustkunden Kontakt aufzunehmen. Das Ziel ist nicht das Zurückgewinnen der abgewanderten Kunden, sondern das in Abschn. 3.2 dargelegte Ziel der Schadensminimierung. Die Entstehung negativer Mundpropaganda kann durch ein freundliches Schreiben (E-Mail oder Brief) u. U. vermieden werden. Die Anschreiben für Verlustkunden sind tendenziell standardisiert, werden jedoch unter Berücksichtigung des jeweiligen Kundenwerts modifiziert (vgl. Pick 2008; Sauerbrey und Henning 2000, S. 36).

Fragezeichenkunden Die Kunden dieses Segments müssen vor der Kontaktaufnahme genau untersucht werden, um abzuschätzen, ob sie eine Tendenz in Richtung Star-, Ertrags- oder Verlustkunde aufweisen. Je nach Ergebnis fallen die Ausprägungen der Kontaktaufnahme aus. Die Erfassung der Kündigungsursachen ist von großer Bedeutung, denn dadurch können Potenziale in Bezug auf andere Geschäftsaktivitäten herausgefiltert werden. Ebenso wie bei den Verlustkunden sind Aktivitäten, wie das Versenden von Briefen oder E-Mails, zur Bekämpfung von negativer Mundpropaganda durchzuführen (vgl. Sauerbrey und Henning 2000, S. 35).

Die Kontaktaufnahme im Zuge der KR kann stufenweise erfolgen. Das bedeutet, wenn eine erste Ansprache erfolglos war, kann ein zweiter Versuch durch einen anderen Kommunikationskanal initiiert werden. Hat ein Kunde z. B. nicht auf ein Mailing reagiert, wird er vom Kundenberater oder einem externen Call-Center kontaktiert. Der mehrfache Kundenkontakt erhöht die Wahrscheinlichkeit der Rückgewinnung, ebenso können Synergieeffekte entstehen (vgl. Pick 2008, S. 62; Töpfer 1993, S. 42 f.). Es ist jedoch dem einstufigen gegenüber dem zweistufigen Verfahren der KR keine höhere Responsequote nachzuweisen (vgl. Florl 2000).

Im Allgemeinen lässt sich festhalten, dass die Kontaktaufnahme mit den abgewanderten Kunden je nach Kundensegment spezifiziert werden sollte, um auf die Bedürfnisse der verlorenen Kunden einzugehen. Ebenso ist es sehr wichtig, dass der für das KRM zuständige Mitarbeiter zu allen relevanten Informationen Zugang hat, sodass eine Rückkopplung zwischen Informationssystem und KRM generiert werden kann (vgl. Stauss 2000, S. 465). Des Weiteren muss der Mitarbeiter über ein hohes Maß an Einfühlungsvermögen und empathischen Fähigkeiten verfügen, sodass dessen Botschaft glaubwürdig beim abgewanderten Kunden aufgenommen wird. Dies dient einer höheren Wahrscheinlichkeit der Rückgewinnung (vgl. Griffin 2001, S. 11; Sauerbrey und Henning 2000, S. 48; Florl 2000, S. 91).

4.2.3 Behebung des Problems

Nachdem die verlorenen Kunden identifiziert, die Kündigungsursachen erfasst, die Kunden segmentiert wurden und eine Dialoginitiierung stattfand, müssen nun die Kundenprobleme, die zur Abwanderung führten, unbedingt behoben werden.

Ist die Kundenabwanderung bspw. auf ein Problem in der Unternehmensleistung, auf eine mangelhafte Beschwerdebearbeitung oder auf Kommunikationsprobleme zwischen Mitarbeiter und Kunde zurückzuführen, gilt es, diese Problematiken zu eliminieren. Nur dadurch ist es möglich, einen Kunden wieder zufrieden zu stimmen und eine neutrale Basis für eine erfolgreiche KR zu schaffen.

Ist die Sachlage des Problems nicht eindeutig einzustufen, greifen ökonomisch vertretbare Kulanzreglungen. Kulanzbasierte Problembehebungen werden von abgewanderten Kunden positiv aufgefasst und begünstigt daher die Wahrscheinlichkeit der Rückkehr. Es ist wichtig, dass die Informationen, die zur Problembehebung beitragen, möglichst schnell, präzise, strukturiert sowie vollständig aufgenommen werden. Die erfassten Probleme sind durch die zur Verfügung stehenden Instrumente des Unternehmens umgehend zu beheben (vgl. Sauerbrey und Henning 2000, S. 36).

Beispiel: Kulanzbasierte Problembehebung

Beispielsweise besteht die Möglichkeit, eine im Internet bestellte Ware eines Versandhauses innerhalb von 14 Tagen zurückzusenden. Ist die Frist vorüber, die Ware ist jedoch fehlerhaft, nehmen viele Versandhandelsunternehmen die Ware dennoch zurück. Dies ist auf ein kulantes Handeln zurückzuführen, um den Kunden nicht zu verlieren.

4.2.4 Unterbreitung des richtigen Rückgewinnungsangebots

Nachdem die Problembehebung durchgeführt wurde folgt die Hauptaufgabe der KR – ein attraktives und für den abgewanderten Kunden zugeschnittenes Rückgewinnungsangebot. Kundenindividualisierte Rückgewinnungsangebote sollen das gewünschte Verhalten (eine Rückgewinnung) beim Kunden auslösen. Art und Umfang, das bedeutet der Grad der Individualisierung/Standardisierung des Rückgewinnungsangebots hängt von der Kundenattraktivität bzw. dem Kundenwert und dem Kündigungsgrund ab. Zudem wird berücksichtigt, um welchen Typ abgewanderter Kunde es sich handelt („Schläfer", „Ehemalige", „Reduzierer" oder „Kündiger").

Der KR-Agent muss bereits innerhalb der Dialoginitiierung entscheiden, ob die Unterbreitung eines Rückgewinnungsangebots bzw. eines Rückgewinnungsanreizes die Wahrscheinlichkeit der Wiederaufnahme der Geschäftsbeziehung erhöht, oder ob eine Aussichtslosigkeit besteht (vgl. Michalski 2002, S. 203).

Die sogenannten Starkunden erfahren aufgrund ihres hohen Kundenwerts sowie einer hohen Rückgewinnungswahrscheinlichkeit, die größte Aufmerksamkeit und die lukrativsten Rückgewinnungsangebote während des KR-Prozesses (vgl. Sauerbrey und Henning 2000, S. 37).

Je nach Strategiewahl ergeben sich für das Unternehmen unterschiedliche Maßnahmen bzw. Angebotszusammenstellungen, um Kunden zurückzugewinnen. Innerhalb jeder der aufgeführten Strategien, finden die Instrumente Leistung, Kommunikation und Preis Anwendung (vgl. Sauerbrey und Henning 2000, S. 36 f.; Michalski 2002, S. 203–206).

Anreizstrategie

Diese Strategie wird auch „Stimulierungsstrategie" genannt und greift bei faktisch abgewanderten Kunden. Sie ist mit der Stimulierung bei der Neukundenakquise vergleichbar. Dabei können sowohl finanzielle als auch immaterielle Anreize eingesetzt werden. Bei der Wahl der beiden genannten Stimulierungsmöglichkeiten sind die Abwanderungsgründe, wie bspw. das Image des Unternehmens, Produktmängel oder schlechte Dienst- oder Serviceleistung, zu beachten (vgl. Bruhn 2011, S. 137).

Beispiele: Anreizstrategie

- **Finanzielle Anreize:**
  - Direkt monetär: Preis, z. B. Preisnachlässe und -erstattungen
  - Indirekt monetär: Zusätzliche kostenfreie Leistungen für den Kunden, bspw. die kostenfreie Nutzung einer Servicehotline (vgl. Sauerbrey und Henning 2000, S. 37)
- **Immaterielle Anreize:**
  - Leistungsbezogen: Kostenneutrale Leistungsänderungen, z. B. Vertragsumstellungen, Beratungen außerhalb der Öffnungszeiten, Einladung zu Firmenevents
  - Kommunikationsbezogen: z. B. zusätzliche Informationen, Erklärungen, Nutzenargumentation (vgl. Sauerbrey und Henning 2000, S. 37)

Kompensationsstrategie

Diese Strategie kann einzelspezifisch gewählt werden und bezieht sich dabei auf Kunden, die einen finanziellen Verlust erfahren haben und deshalb abgewandert sind. Die Kompensation kann finanziell, materiell oder immateriell erfolgen. Die finanzielle Kompensation findet lediglich Anwendung, wenn der Fehler auf Unternehmensseite zu finden ist. Bei unklaren Fällen greift eine Kulanzregelung zugunsten des abgewanderten Kunden (vgl. Bruhn 2012, S. 164; Bruhn 2011, S. 137; Michalski 2002, S. 188).

Beispiele: Kompensationsstrategie

- **Leistung**: Kostenloses Produktangebot und/oder Zusatzleistungen (branchen- und unternehmensindividuell zu bestimmen, z. B. besondere Reparaturrechte)
- **Kommunikation**: Persönliche oder schriftliche Entschuldigung, Erklärung des Sachverhalts
- **Preis**: Finanzieller Verlustausgleich (vgl. Michalski 2002, S. 205)

Dialogstrategie

Im Rahmen der Dialogstrategie wird das verlorene Vertrauen des abgewanderten Kunden durch ein klärendes Gespräch wieder aufgebaut. Folgende Maßnahmen bzw. Rückkehrangebote fallen in den Bereich der Dialogstrategie (vgl. Michalski 2002, S. 206).

Beispiele: Dialogstrategie

- **Leistung**: Bereitstellung von gewünschten Produktinformationen
- **Kommunikation**: Das persönliche Gespräch mit dem Kundenberater oder einem leitenden Mitarbeiter ist das Kommunikationshauptangebot
- **Preis**: Preisauskünfte und Konditionsübersichten bereitstellen (je nach Branche) (vgl. Michalski 2002, S. 205)

Überzeugungsstrategie

Abgewanderte Kunden werden durch die Überzeugungsstrategie von der Vorteilhaftigkeit des Leistungsangebots des Unternehmens überzeugt. Darunter fallen folgende Angebote (vgl. Bruhn 2012, S. 164; Michalski 2002, S. 188).

Beispiele: Überzeugungsstrategie

- **Leistung**: Unterbreitung eines individuellen Produktangebots und Zusicherung eines zukünftig einwandfreien Services (z. B. eine Zufriedenheitsgarantie)

- **Kommunikation**: Nutzenargumentation für bestimmte Leistungen/Produkte des Unternehmens
- **Preis**: Rechtfertigung höherer Preise durch ausgezeichnete Beratungsqualität (vgl. Michalski 2002, S. 205)

Wie zuvor aufgeführt, differenziert sich die Ausgestaltung der Rückgewinnungsmaßnahmen/Instrumente ebenfalls nach Kündigungsursache. Bei der Gruppe der **abgeworbenen Kunden** ist es wichtig, dass der zuständige Mitarbeiter mit den Konditionen der Wettbewerber vertraut ist, um bestmöglich für die eigenen Unternehmensleistungen zu argumentieren. Durch die Branchenkenntnis des Mitarbeiters können Alternativen mit dem abgeworbenen Kunden diskutiert werden (vgl. Zollner 1995, S. 182).

Der Schwerpunkt des Rückgewinnungsangebots liegt in der Kombination von Rückgewinnungsanreizen sowie dem Unterbreiten eines zugeschnittenen Leistungsangebots. Im Kündigungsmanagement müssen bei **ungewollt ausgeschiedenen Kunden** die persönlichen Hintergründe der Abwanderung erfasst werden. Sind diese nur temporär, kann gemeinsam eine Lösung entwickelt werden, sodass der Kunde dem Unternehmen erhalten bleiben kann (vgl. Schöler 2006, S. 618). Bei der Gruppe der **vertriebenen Kunden** stehen die von dem Unternehmen ausgelöste Abwanderungsursache und die Problembehebung im Vordergrund. Der Kundenberater macht dem vertriebenen Kunden ein Angebot über handfeste Lösungen bzw. Kompensationen, um ihn wieder für das Unternehmen zu gewinnen (vgl. Schöler 2006, S. 619). Bei der Unterbreitung des richtigen Rückgewinnungsangebots, bezogen auf die aufgeführten Gruppen, ist der jeweilige Kundenwert zu berücksichtigen (vgl. Schöler 2006, S. 619).

Insgesamt besteht die Herausforderung des Rückgewinnungsteams darin, das richtige Rückgewinnungsangebot für individuelle Kunden oder ganze Kundensegmente zu entwickeln und auf Unternehmensseite schnell auf die Kündigungen zu reagieren (vgl. Michalski 2002, S. 203). Die Rückgewinnungsmaßnahmen können kombiniert und je nach Situation kundenindividuell eingesetzt werden, um dadurch eine höhere Rückgewinnungswahrscheinlichkeit zu erreichen (vgl. Sauerbrey und Henning 2000, S. 37).

Des Weiteren sollte jeder Rückgewinnungsversuch, gleichgültig ob persönlich oder unpersönlich, mit einer Entschuldigung verbunden sein (vgl. Homburg und Schäfer 1999b, S. 13). Das Ziel des Rückgewinnungsangebots ist es unter anderem, dem Kunden einen Ausgleich zum subjektiv erlittenen Schaden zu unterbreiten, um ihn zurückzugewinnen (vgl. Homburg et al. 2003, S. 64). Kann der Kunde trotz eines guten Rückgewinnungsangebots nicht überzeugt werden, die Geschäftsbeziehung wieder aufzunehmen, waren die Bemühungen dennoch nicht umsonst. Es wurden erstens nützliche Informationen zur Abwanderungsursache gesammelt und zweitens hat der abgewanderte Kunde durch die Bemühungen des Unternehmens einen guten Eindruck von dem Anbieter, was das Weitertragen von negativer Mundpropaganda verringert (vgl. Sauerbrey und Henning 2000).

Sind alle Voraussetzungen für eine Rückgewinnung geschaffen, so besteht je nach Branche und Unternehmen die Möglichkeit, Rückgewinnungsquoten im hohen zweistelligen Bereich zu realisieren (vgl. Schäfer et al. 2000, S. 64). Bei einer profitablen Umsetzung von Rückgewinnungsmaßnahmen ist es wichtig, dass die Rückgewinnungsangebote nicht über dem individuellen Kundenwert liegen. Zudem sollte das Unternehmen nicht nur durch hohe finanzielle Rückkehrprämien glänzen. Die Prämien sollten lediglich unterstützend auf das gesamte Angebot wirken, um den Kunden zur Rückkehr zu überzeugen. Unternehmen, die ausschließlich mit finanziellen Rückkehrprämien werben, laufen Gefahr, die abgewanderten Kunden „zurückzukaufen", welche dementsprechend eine geringere Loyalität aufweisen (vgl. Homburg et al. 2003, S. 64). Zudem muss bei der Wahl der Strategie bzw. des Rückkehrangebots in Betracht gezogen werden, welche Leistung das Unternehmen anbietet, in Bezug auf die Reparaturfähigkeit und Veränderbarkeit.

Es besteht nicht für jedes Produkt bzw. Dienstleistung die Möglichkeit einer Nachbesserung. Aus diesem Grund können nicht jede Strategie und die damit verbundenen Rückgewinnungsangebote eingesetzt werden (vgl. Bruhn 2011, S. 138; Michalski 2002, S. 189).

Ein Best-Practice-Beispiel in diesem Zusammenhang bieten Mobilfunkanbieter.

Beispiel: Rückgewinnungsangebot eines Mobilfunkanbieters

Kündigt ein Kunde in einer Filiale, kann die Rückgewinnung direkt vor Ort, durch den Mitarbeiter durchgeführt werden. Bei Erfolg bedarf es keines weiteren Anrufs aus dem Call-Center zur KR. Für eine direkte Erstellung eines passenden Rückgewinnungsangebots bezieht sich der Mitarbeiter auf das Betriebssystem. Dieses weist automatisiert den Kundenwert auf. Dabei sind die Faktoren Umsatz und Geschäftsbeziehungsdauer ausschlaggebend. Ebenso automatisiert schlägt das Betriebssystem Rückgewinnungsangebote vor. Liegt z. B. eine Kündigung eines Kunden mit hohem Wert vor, der von der Konkurrenz abgeworben worden zu sein scheint, kommt beispielsweise folgendes Rückgewinnungsangebot zum Einsatz: Die Kosten des Handyvertrags werden um 10 €/Monat gesenkt, das neuste Smartphone-Modell wird zu 15 €/Monat statt 20 €/Monat für 24 Monate Vertragslaufzeit angeboten. Des Weiteren erhält der abwandernde bzw. abgewanderte Kunde ein kostenfreies Sorglos-Paket (Handyversicherung).

4.3 Kontrolle des Rückgewinnungsmanagements

Die zentrale Aufgabe der Erfolgskontrolle des Rückgewinnungsmanagements liegt darin, die Rückgewinnungsmaßnahmen anhand der Zielsetzungen des Unternehmens zu bewerten und hinsichtlich Rentabilität und Effektivität zu prüfen. Mit Hilfe der Ergebnisse können Rückschlüsse auf eine unternehmensinterne Prozessverbesserung gezogen werden. Zudem bietet eine Erfolgskontrolle grundlegende Anhaltspunkte für rationale Investitionsentscheidungen (vgl. Pick und Krafft 2009, S. 128; Stauss 2000, S. 467).

4.3.1 Kosten und Nutzen der Kundenrückgewinnung

Im Mittelpunkt des Kosten-Nutzen-Controllings steht das Erfassen der Rentabilität bzw. Effizienz des Rückgewinnungsmanagements. Dabei kann der Rückgewinnungsnutzen in folgende Komponenten unterteilt werden (vgl. Stauss 2000, S. 467):

- Wiederkaufnutzen
- Kommunikationsnutzen
- Informationsnutzen
- Nutzen des vermiedenen Kundenersatzes

Der **Wiederkaufnutzen** entspricht dabei dem Barwert der Kundendeckungsbeiträge, der während der Dauer der wiedergewonnenen Kundenbeziehung verwirklicht werden kann (vgl. Stauss 2000, S. 467). Einen durchaus nützlichen Orientierungspunkt kann hier der CLV darstellen (vgl. Stauss 2000, S. 467).

Wird der **Nutzen der vermiedenen Kosten** zur Neukundenakquisition im Rahmen der Nutzenberechnung ermittelt, dann ist dies nur dann rechnerisch richtig, wenn der theoretische Neukunde dasselbe Potenzial wie der abgewanderte Kunde aufweist (vgl. Stauss 2000, S. 467). Laut Schöler (2006, S. 624) muss dies jedoch nicht der Fall sein, da das Deckungsbeitragspotenzial mit heranwachsender Dauer der Kundenbeziehung ansteigen kann.

Der **Kommunikationsnutzen** entsteht zum einen durch eine Verhinderung oder eine Abschwächung von negativer Mundpropaganda der unzufriedenen Kunden, zum anderen können sich positive Kommunikationseffekte, die mit einem erfolgreichen Rückgewinnungsdialog zusammenhängen, einstellen (vgl. Michalski 2002, S. 214; Stauss 2000, S. 467; Homburg und Schäfer 1999a, S. 18).

Der **Informationsnutzen** bezieht sich auf die wichtigen Informationen, welche durch die Abwanderungsanalyse oder auch im Rahmen von Rückgewinnungsgesprächen gewonnen werden konnten. Diese tragen letztendlich zur unternehmensinternen Leistungsverbesserung und Fehlerreduzierung bei, was eine gesamte Qualitätsverbesserung innerhalb der Unternehmung herbeiführen kann (vgl. Michalski 2002, S. 214; Homburg und Schäfer 1999a, S. 18; Sauerbrey und Henning 2000, S. 72).

Bei den vier zuvor erläuterten Nutzenkomponenten handelt es sich lediglich um Schätzwerte in Form von vermiedenen Opportunitätskosten (vgl. Stauss und Seidel 1998, S. 304). Da sich nicht feststellen lässt, wie sich diese Kosten ohne das Rückgewinnungsmanagement entwickelt hätten, ist deren Berechnung methodisch als schwierig einzustufen (vgl. Schöler 2006, S. 625; Richter-Mundani 1999, S. 209). Des Weiteren ist es komplex, neben den leicht festzustellenden direkten (monetären) auch die indirekten (nicht-monetären) Nutzgrößen zu quantifizieren, um diese in einer Betrachtung bzw. Bewertung zu berücksichtigen (vgl. Stauss 2000, S. 460 f.; Homburg und Schäfer 1999a, S. 19). Die nachstehende Formel beschränkt sich deshalb der Simplizität wegen auf den Wiederkaufnutzen (vgl. Stauss und Friege 2001, S. 460 f.). Jedoch betonen Stauss und Friege (2001, S. 460 f.) trotzdem, dass der Kommunikations- sowie Informationsnutzen bei einer rationalen Bewertung von Rückgewinnungsinvestitionen eine ebenso wichtige Rolle spielen. Die formale Berechnung des aggregierten Wiederkaufnutzens bzw. Rückgewinnungsnutzen für zurückgewonnene Kunden in einem individuellen CLV lässt sich nach Stauss und Friege (2003, S. 532 ff.) wie folgt errechnen:

$$RN = WN = \Sigma_{i=1}^{n} CLV_i \qquad (4.2)$$

Legende:

RN   = Rückgewinnungsnutzen
WN = Wiederkaufnutzen
n   = zurückgewonnene Kunden
CLV_i = individueller Customer Lifetime Value

Im Rahmen des Rückgewinnungsmanagements entstehen einige Kosten, wie bspw. Personalkosten für die operative Umsetzung, Kosten der Rückkehrangebote, Mailing- bzw. Telefonkosten. Die angefallenen Auslagen lassen sich nach Kommunikations- und Angebotskosten unterteilen. Die Kommunikationskosten entstehen bei allen Kunden, die im Rahmen des KRM kontaktiert werden. Dies beinhaltet (vgl. Schöler 2006, S. 625):

• Personalkosten (für die operative Umsetzung, dispositive Kosten/Planung- und
  Kontrollkosten, Schulungskosten)
• Kommunikationskosten (z. B. Mailing- oder Telefonkosten)
• Anteilige Allgemeinkosten (z. B. DV-Kosten entstehend durch die Kontaktie-
  rung)

Die Angebotskosten fallen nur bei den Kunden an, die tatsächlich zurückgewonnen
werden konnten und beinhalten die Rückkehrangebotskosten (Rückkehranreize
wie z. B. Rabatte, materielle Rückgewinnungsanreize) (vgl. Schöler 2006, S. 625).
Die Kosten der Rückgewinnung lassen sich wie folgt errechnen:

$$RK = KK + AK = \Sigma_{t=i}^{a} kk_i + \Sigma_{i=1}^{n} ak_i \qquad (4.3)$$

Legende:

RK = Rückgewinnungskosten
KK = Kommunikationskosten
AK = Angebotskosten
a   = Kunden, die anlässlich der KR kontaktiert werden
n   = Anzahl der zurückgewonnenen Kunden

Zur Feststellung, ob das KRM erfolgreich war, ist es notwendig, das Ergebnis der
Rückgewinnungsmaßnahmen zu ermitteln. Dieses kann anhand der Differenz zwischen den Rückgewinnungsnutzen (RN) und Rückgewinnungskosten (RK) erfasst
werden. Der Return on Investment des KRM stellt als Quotient von Rückgewinnungsprofit und Rückgewinnungskosten die Effizienz, Effektivität und den Erfolg
der Rückgewinnungsmaßnahmen dar und lässt sich folgendermaßen berechnen
(vgl. Sauerbrey und Henning 2000, S. 69; Stauss und Friege 1999, S. 356; Stauss
und Friege 2003, S. 532 ff.).

$$ROI = \frac{RN - RK}{RK} = \frac{RP}{RK}$$

Legende:

ROI = Return on Investment des KRM
RN = Rückgewinnungsnutzen
RK = Rückgewinnungskosten
RP = Rückgewinnungsprofit

Neben den zuvor erläuterten Kennzahlen ist es ebenso wichtig, den Rückgewinnungserfolg sowie den dialogbezogenen Rückgewinnungserfolg zu ermitteln, um eine umfangreiche Bewertung der Rückgewinnungsmaßnamen durchzuführen. Die Anwendung folgender Formeln ist dabei hilfreich (vgl. Michalski 2002, S. 208 f.):

$$Rückgewinnungserfolg = \frac{Anzahl\,reaktivierter\,Kundenbeziehungen}{Anzahl\,abgewanderter\,Kunden - Kunden, die\,nicht\,zurückgewonnen\,werden\,sollten}$$

(4.4)

$$Rückgewinnungserfolg\,(dialogbezogen) = \frac{Anzahl\,reaktivierter\,Kundenbeziehungen}{Anzahl\,kontaktierter\,Kunden}$$

(4.5)

Zur Bestimmung des (4.4) Rückgewinnungserfolgs wird die Anzahl der reaktivierten Kundenbeziehungen eines Planungszeitraums mit der Zielgröße, die zu Beginn der gesamten Rückgewinnungsplanung als Ausgangszielgruppe des KRM festgelegt wurde, in Beziehung gesetzt. Diese Größe entspricht der Anzahl von abgewanderten Kunden in einem Zeitraum minus der Kunden, die das Unternehmen nicht zurückgewinnen konnte.

Die Kennzahl (4.5) dialogbezogener Rückgewinnungserfolg kann ergänzend eingesetzt werden. Sie gibt Aufschluss darüber, inwiefern die Dialogmaßnahmen im Rahmen des Rückgewinnungsmanagements erfolgreich waren. Dafür wird die Anzahl der reaktivierten Kundenbeziehung zur der Anzahl kontaktierter Kunden in Beziehung gesetzt (vgl. Michalski 2002, S. 208 f.).

Beim Vergleich der Ergebnisse von Rückgewinnungserfolg (1) und (2) stellt sich heraus, dass der Wert (dialogbezogen) unbedingt unter Vorbehalt aufzufassen ist, vorausgesetzt, es sind keine weiteren Angaben zur Größe der Ausgangszielgruppe gegeben. Immerhin weist die dialogorientierte Erfolgskennzahl beinahe den dreifachen Rückgewinnungserfolg auf im Vergleich zu der theoretisch richtigen Ausgangskennzahl (vgl. Michalski 2002, S. 209).

Es ist festzuhalten, dass eine genaue Kontrolle der Rückgewinnungsmaßnahmen zur Feststellung des tatsächlichen KRM-Erfolgs unumgänglich ist. Die Anwendung von Rückgewinnungsmaßnahmen ist nur dann sinnvoll, wenn sich diese positiv auf den Unternehmenserfolg auswirken. Bei der Kosten-Nutzen-Analyse könnten jedoch erhebungstechnische Probleme in Bezug auf die Zurechnung der Kommunikations- und Informationsnutzen entstehen.

4.3.2 Verwaltung der Rückgewinnungsinformationen und Eingliederung der zurückgewonnenen Kunden

Um einen langfristigen Nutzen aus dem Rückgewinnungsmanagement zu ziehen, ist es wichtig, dass alle Informationen, die während des Rückgewinnungsprozesses gewonnen wurden, verwaltet und einer quantitativen und qualitativen Auswertung unterzogen werden. Der Informationsgehalt, der während des Rückgewinnungsmanagements ermittelt wurde, trägt dazu bei, Prozess- und Leistungsverbesserungen sowie eine kontinuierliche Qualitätssteigerung im Unternehmen herbeizuführen (vgl. Pick und Krafft 2009, S. 129; Stauss 2000, S. 467).

Eine explorative Studie der Uni Münster (2007) legt dar, dass 44 % der befragten Verlagshäuser ($n = 9$) angaben, dass die unternehmensinterne Leistungsverbesserung eines der Ziele des KRM darstellt. Während der Planung des Rückgewinnungsmanagements ist festzulegen, in welcher Art und Weise die gewonnenen Informationen in die Unternehmensprozesse integriert werden sollen. Ein grundlegender Bestandteil bei der Integration des Rückgewinnungswissens ist das Prüfen, inwiefern die Abwanderungsursachen vom Unternehmen beeinflusst werden können. Des Weiteren ist festzulegen, ob eine Beeinflussung aus marketingstrategischer Sicht überhaupt erwünscht ist. Beispielsweise könnten die aufgeführten Abwanderungsgründe des Kunden aus unternehmensinterner Sicht mutwillig herbeigeführt worden sein, um bestimmte Kundengruppen nicht im Unternehmen zu halten (vgl. Pick und Krafft 2009, S. 129). Die quantitativen und qualitativen Auswertungen der Informationen des Rückgewinnungswissens finden unter Beachtung der folgenden Gesichtspunkte statt:

Quantitative Auswertung Um die besagten Informationen quantitativ auszuwerten, sind absolute und relative Häufigkeitsverteilungen (wie z. B. Histogramme) der Abwanderungsursachen hilfreich. Mittels der quantitativen Auswertung können Unternehmen feststellen, ob die Abwanderungsursachen einzelfallbezogen sind oder systematisch wiederholend auftreten (vgl. Homburg und Schäfer 1999a, S. 9). Daraus lassen sich zukünftige Handlungsempfehlungen ableiten.

Qualitative Auswertung Um spätere Maßnahmen zur Optimierung der Unternehmensleistung oder zur Anpassung an die marktgegebene Wettbewerbsposition vornehmen zu können, werden verschiedene Instrumente zur Bewertung der Abwanderungsgründe eingesetzt (vgl. Stauss und Seidel 2002, S. 276). Zur Analyse von Leistungsfehlern oder Serviceproblemen eignen sich z. B. die sogenannten Ursache-Wirkungs-Analysen. Diese versuchen, potenzielle Einflussgrößen, die zum Auftreten von Leistungsfehlern oder Serviceproblemen führen, festzustellen (vgl. Stauss und Seidel 2002, S. 277 ff.).

Die mittels der quantitativen und qualitativen Auswertung bezogenen Informationen lassen sich systematisch durch Reporting-Tools kommunizieren. Je nach den Bedürfnissen der Adressatengruppe (z. B. Vertriebseinheit oder zentrales Marketing) sollten sich die Reportings von der KR differenzieren (vgl. Schöler 2006, S. 621). Alle Informationen bezüglich des Kunden, welche während des KR-Prozesses gesammelt werden konnten, sollten in einer zentralen Datenbank gespeichert werden. So können alle Mitarbeiter, die mit den zurückgewonnen Kunden arbeiten, unverzüglich und unkompliziert auf relevante Informationen zurückgreifen.

Die Eingliederung der zurückgewonnenen Kunden bezieht sich auf die Frage, wie diese in Zukunft behandelt werden sollen. Eine erfolgreiche Integration der zurückgewonnenen Kunden setzt voraus, dass diese erfolgreich dem Kundenbindungsmanagement übergeben werden (vgl. Hausdorf und Kräußlich 2000, S. 101; Homburg und Schäfer 1999a, S. 14). Wird die Rückgewinnung zentral durchgeführt, ist es notwendig, alle kundenspezifischen Informationen an die dezentrale Vertriebseinheit zu übergeben, um letztendlich die im Rückgewinnungsprozess unterbreiteten Versprechen einzuhalten und somit die Glaubwürdigkeit des Unternehmens zu bestätigen (vgl. Starke 2000, S. 133). Zudem soll durch das Unternehmen vermittelt werden, dass auf dessen Seite ein großes Interesse an einer dauerhaften Geschäftsbeziehung besteht (vgl. Homburg und Schäfer 1999a, S. 14). Dies kann durch die unternehmensüblichen Kundenbindungsmaßnahmen geschehen (vgl. hierzu vertiefend z. B. Bruhn und Homburg 2005).

Jedoch sollten die zurückgewonnenen Kunden auch über einen längeren Zeitraum kontaktiert werden und bspw. über die Zufriedenheit mit der Kündigungsbearbeitung oder Wiedereingliederung befragt werden (vgl. Sauerbrey und Henning 2000, S. 39; Schöler 2006, S. 620). Die Häufigkeit der Kontaktaufnahme differiert jedoch nach Kundensegment (Star-, Ertrags-, Fragezeichen- oder Verlustkunden) und ist davon abhängig, ob es sich bei den zurückgewonnenen Kunden um Privat- oder Geschäftskunden handelt.

Die Anwendung der Bindungsinstrumente kann sich bspw. durch das Miteinbeziehen der Kunden in Kundenforen oder -beiträgen sowie gemeinsame Projektteams äußern (vgl. Sauerbrey und Henning 2000, S. 39). Dementsprechend lässt sich darstellen, dass den zurückgewonnenen Kunden in Zukunft eine besondere, jedoch ökonomisch vertretbare Aufmerksamkeit geschenkt werden sollte. Dies trägt dazu bei, die kundenorientierte Ausrichtung des Unternehmens zu bestätigen (vgl. Homburg und Schäfer 1999a, S. 14).

Literatur

Baxter, L. (1985). Accomplishing relationship disengagement. In S. Duck & D. Perlmand (Hrsg.), *Understanding personal relationships* (S. 243–265). London: Sage.

Bearden, W., & Teel, J. (1983). Selected determinants of consumer satisfaction and complaint reports. *Journal of Marketing Research, 20*(1), 21–28.

Berghorn, C. (2009). *Konzeptionalisierung des Kundenwertes. Am Beispiel einer Volksbank.* Hamburg: Diplomica.

Bruhn, M. (2001). *Qualitätsmanagement für Dienstleistungen. Grundlagen, Konzepte Methoden.* Stuttgart: Springer.

Bruhn, M. (2011). *Unternehmens- und Marketingkommunikation. Handbuch für integriertes Kommunikationsmanagement.* München: Vahlen.

Bruhn, M. (2012). *Kundenorientierung. Bausteine für ein exzellentes Relationship Management (CRM).* München: Deutscher Taschenbuch Verlag.

Bruhn, M., & Homburg, C. (Hrsg.). (2005). *Handbuch Kundenbindungsmanagement. Strategien und Instrumente für ein erfolgreiches CRM.* Wiesbaden: Gabler.

Bruhn, M., & Michalski, S. (2001). Rückgewinnungsmanagement – Eine explorative Studie zum Stand des Rückgewinnungsmanagements bei Banken und Versicherungen. *Die Unternehmung, 55*(2), 111–125.

Büttgen, M. (2003). Recovery Management – systematische Kundenrückgewinnung und Abwanderungsprävention zur Sicherung des Unternehmenserfolges. *Die Betriebswirtschaft, 63*(1), 60–76.

Cornelsen, J. (1998). *Kundenbewertung mit Referenzwerten.* Arbeitspapier Nr. 64. Nürnberg: Universität Nürnberg-Erlangen.

Cornelsen, J., & Diller, H. (Hrsg.). (2000). *Kundenwertanalysen im Beziehungsmarketing. Theoretische Grundlegung und Ergebnisse einer empirischen Studie im Automobilbereich.* Nürnberg: GIM Gesellschaft für Innovatives Marketing.

Florl, M. (2000). Erfolgreiche Kunden-Rückgewinnung durch konsequente Kundenorientierung im Mobilfunk. In C. Sauerbrey & R. Henning (Hrsg.), *Kunden-Rückgewinnung. Erfolgreiches Management für Dienstleister* (S. 83–96). München: Vahlen.

Griffin, J. (2001). Winning customers back. *Business & Economics Review, 48,* 8–11.

Günter, B., & Helm, B. (2006). Kundenbewertung im Rahmen des CRM. In H. Hippner & K. D. Wilde (Hrsg.), *Grundlagen des CRM. Konzepte und Gestaltung* (S. 357–378). Wiesbaden: Gabler.

Hausdorf, A., & Kräußlich, R. (2000). Optimierung der Kunden-Rückgewinnung bei E-Plus Mobilfunk. In C. Sauerbrey & R. Henning (Hrsg.), *Kunden-Rückgewinnung. Erfolgreiches Management für Dienstleister* (S. 97–119). München: Vahlen.

Hempelmann, B., & Lürwer, M. (2003). Der „Customer Lifetime Value"– Ansatz zur Bestimmung des Kundenwertes. *Das Wirtschaftsstudium, 32*(3), 336–341.

Hoffman, K. D., & Chung, B. G. (1999). Hospitality recovery strategies: Customer preference versus firm use. *Journal of Hospitality & Tourism Research, 23,* 71–84.

Holland, H. (2002). *Dialogmarketing: Planung, Medien und Zielgruppen.* München: Hanser.

Homburg, C., & Schäfer, H. (1999a). *Customer Recovery. Profitabilität durch systematische Rückgewinnung von Kunden.* Arbeitspapier des Instituts für Marktorientierte Unternehmensführung (IMU), Nr. M 39. Mannheim: Universität Mannheim.

Homburg, C., & Schäfer, H. (1999b). *Customer Recovery.* Mannheim: Institut für Marktorientierte Unternehmensführung (IMU), Universität Mannheim.

Homburg, C., Fürst, A., & Sieben, F. (2003). Willkommen zurück. *Harvard Business Manager, 12,* 57–67.

Homburg, C., Sieben, F., & Stock, R. (2004). Einflussgrößen des Kundenrückgewinnungserfolgs. Theoretische Betrachtung und empirische Befunde im Dienstleistungsbereich. *Marketing ZFP, 1,* 25–41.

Hüppelshäuser, M., Krafft, M., & Rüger, E. (2006). Hazard-Raten-Modelle im Marketing. *Marketing – Zeitschrift für Forschung und Praxis, 28*(3), 197–209.

I.D.I. (o. J.). Robinsonliste.de. https://www.robinsonliste.de. Zugegriffen: 3. Juli 2013.

Keaveney, S. M. M. (1995). Customer switching behavior in online services: An exploratory study. *Journal of Marketing, 59*(2), 71–82.

Krafft, M. (2004). *Timing-Strategien im Versandhandel.* Münster: Institut für Marketing im Marketing Centrum Münster.

Krafft, M. (2007). *Kundenbindung und Kundenwert.* Heidelberg: Physika.

Krafft, M., & Rutsatz, U. (2006). Einsatz von Kundenwert-Konzepten im Versandhandel und Direktmarketing. In B. Günter & S. Helm (Hrsg.), *Kundenwert. Grundlagen – Innovative Konzepte – Praktische Umsetzung* (S. 683–707). Wiesbaden: Gabler.

Krafft, M., Hesse, J., Knappik, K. M., Peters, K., & Rinas, D. (2005). *Internationales Direktmarketing.* Wiesbaden: Gabler.

Kroeber-Riel, W., & Weinberg, P. (1996). *Konsumentenverhalten.* München: Vahlen.

Kroeber-Riel, W., & Weinberg, P. (1999). *Konsumentenverhalten.* München: Vahlen.

Lackes, R. (o. J.). Stichwort: Data Mining. In Springer Gabler Verlag (Hrsg.), *Gabler Wirtschaftslexikon.* http://wirtschaftslexikon.gabler.de/Archiv/57691/data-mining-v7.html. Zugegriffen: 15. Juli 2013.

Link, J. (1995). Welche Kunden rechnen sich. *Absatzwirtschaft, 38*(10), 108–110.

Mann, A. (2009). Kundenrückgewinnung und Dialogmarketing. In J. Link & F. Seidl (Hrsg.), *Kundenabwanderung. Früherkennung, Prävention, Kundenrückgewinnung. Mit erfolgreichen Praxisbeispielen aus verschiedenen Branchen* (S. 165–176). Wiesbaden: Gabler.

Michalski, S. (2002). *Kundenabwanderungs- und Kundenrückgewinnungsprozesse: eine theoretische und empirische Untersuchung am Beispiel von Banken.* Wiesbaden: Gabler.

Neu, M. (2011). Empirische Untersuchung zum Thema Kundenrückgewinnungsmanagement. Ergebnisse.

Pick, D. (2008). *Wiederaufnahme vertraglicher Geschäftsbeziehungen. Eine empirische Untersuchung der Kundenperspektive.* Wiesbaden: Gabler.

Pick, D., & Krafft, M. (2009). Status quo des Rückgewinnungsmanagements. In J. Link & F. Seidl (Hrsg.), *Kundenabwanderung. Früherkennung, Prävention, Kundenrückgewinnung. Mit erfolgreichen Beispielen aus verschiedenen Branchen* (S. 121–136). Wiesbaden: Gabler.

Reichheld, F. (1996). Learning from Customer Defections. *Harvard Business Review, 2,* 56–70.

Reichheld, F. (1997). *Der Loyalitätseffekt. Die verborgene Kraft hinter Wachstum und Gewinnen und Unternehmenswert.* Frankfurt a. M.: Campus.

Reichheld, F., & Sasser, W. E. (1990). Zero defections – Quality comes to services. *Harvard Business Review, 68*(5), 105–111.

Richter-Mundani, S. (1999). *Kundenbindungssysteme für Kreditinstitute.* Wiesbaden: Gabler.

Rutsatz, U. (2004). *Kundenrückgewinnung durch Direktmarketing. Das Beispiel des Versandhandels.* Wiesbaden: Gabler.

Sauerbrey, C., & Henning, R. (Hrsg.). (2000). *Kundenrückgewinnung. Erfolgreiches Management für Dienstleister*. München: Vahlen.

Schäfer, H., Karlshaus, J. T., & Sieben, F. (2000). Profitabilität durch systematisches Rückgewinnen von Kunden. *Absatzwirtschaft, 43*(12), 56–64.

Schneider, W. (2008). *Profitable Kundenorientierung durch Customer Relationship Management. Wertvolle Kunden gewinnen, begeistern und dauerhaft binden*. München: Wissenschaftsverlag.

Schöler, A. (2006). Rückgewinnungsmanagement. In H. Hippner & K. D. Wilde (Hrsg.), *Grundlagen des CRM. Konzepte und Gestaltung* (S. 605–631). Wiesbaden: Gabler.

Schüller, A. M. (2005). *Zukunftstrend Kundenloyalität. Endlich erfolgreich durch loyale Kunden*. Göttingen: Businessvillage.

Schüller, A. M. (2007). *Come Back. Wie Sie verlorene Kunden zurückgewinnen*. Zürich: Orell Füssli.

Seidl, F. (2009). Customer recovery und controlling. In J. Link & F. Seidl (Hrsg.), *Kundenabwanderung. Früherkennung, Prävention, Kundenrückgewinnung. Mit erfolgreichen Praxisbeispielen aus verschiedenen Branchen* (S. 5–34). Wiesbaden: Gabler.

Starke, S. (2000). Effizienter Einsatz von (externen) Call-Centern zur Kündiger-Rückgewinnung – Praxisbeispiel Verlag. In C. Sauerbrey & R. Henning (Hrsg.), *Kunden-Rückgewinnung. Erfolgreiches Management für Dienstleister* (S. 121–140). München: Vahlen.

Stauss, B. (2000). Rückgewinnungsmanagement: Verlorene Kunden als Zielgruppe. In M. Bruhn & B. Stauss (Hrsg.), *Dienstleistungsmanagement, Jahrbuch 2000* (S. 449–471). Wiesbaden: Gabler.

Stauss, B., & Friege, C. (1999). Regaining service customers. Costs and benefits of regain management. *Journal of Service Research, 1*(4), 347–361.

Stauss, B., & Friege, C. (2001). Kundenwertorientiertes Rückgewinnungsmanagement. In B. Günter & S. Helm (Hrsg.), *Kundenwert. Grundlagen – Innovative Konzepte – Praktische Umsetzungen* (S. 449–470). Wiesbaden: Gabler.

Stauss, B., & Friege, C. (2003). Kundenwertorientiertes Rückgewinnungsmanagement. In B. Günter & S. Helm (Hrsg.), *Kundenwert. Grundlagen – Innovative Konzepte – Praktische Umsetzungen* (S. 523–544). Wiesbaden: Gabler.

Stauss, B., & Friege, C. (2006). Kundenorientiertes Rückgewinnungsmanagement. In B. Günter & S. Helm (Hrsg.), *Kundenwert. Grundlagen – Innovative Konzepte – Praktische Umsetzungen* (S. 509–530). Wiesbaden: Gabler.

Stauss, B., & Seidel, W. (1998). *Beschwerdemanagement*. München: Carl Hanser.

Stauss, B., & Seidel, W. (2002). *Beschwerdemanagement. Kundenbeziehung erfolgreich managen durch Customer Care*. München: Carl Hanser.

Stauss, B., & Seidel, W. (2009). Preiskündiger und Qualitätskündiger. Zur Segmentierung verlorener Kunden. In J. Link & F. Seidl (Hrsg.), *Kundenabwanderung. Früherkennung, Prävention, Kundenrückgewinnung. Mit erfolgreichen Praxisbeispielen aus verschiedenen Branchen* (S. 145–157). Wiesbaden: Gabler.

Tomczak, T., & Dittrich, S. (1997). *Erfolgreich Kunden binden. Eine kompakte Einführung*. Zürich: Werd.

Töpfer, A. (1993). Erfolgsfaktoren beim Einsatz von Direktmarketing. In G. Greff & A. Töpfer (Hrsg.), *Direktmarketing mit neuen Medien* (S. 25–28). Landsberg: Moderne Industrie.

Trommsdorff, V. (Hrsg.). (2004). *Konsumentenverhalten*. Stuttgart: Kohlhammer.

Venohr, B., & Zinke, C. (1998). Kundenbindung als strategisches Unternehmensziel. In M.
    Bruhn & C. Homburg (Hrsg.), *Handbuch Kundenbindungsmanagement* (S. 150–168).
    Wiesbaden: Gabler.
Wirtz, B. W. (2009). *Direktmarketing-Management. Grundlagen – Instrumente – Prozesse.*
    Wiesbaden: Gabler.
Zollner, G. (1995). *Kundennähe in Dienstleistungsunternehmen. Empirische Analyse von
    Banken.* Wiesbaden: Gabler.

Unternehmens- und personalpolitische Voraussetzungen für eine erfolgreiche Kundenrückgewinnung

5

Für die Einführung eines dauerhaft erfolgreichen systematischen KRM sind angemessene kulturelle, strukturelle, informationstechnische sowie personelle Voraussetzungen innerhalb des Unternehmens zu schaffen.

5.1 Anpassung der Unternehmensstruktur

Generell besteht die Möglichkeit, das Rückgewinnungsmanagement zentral oder dezentral zu organisieren. Bei einer zentralen Organisation des KRM wird ein Rückgewinnungsmanager bzw. ein ganzes -team in der Unternehmenszentrale positioniert. Der Vorteil dieser Möglichkeit liegt in den einmaligen Implementierungskosten des KRM. Zudem wird dadurch ein einheitliches Vorgehen sichergestellt (vgl. Michalski 2002, S. 218).

Die zweite Möglichkeit der Organisation des KRM wird dezentral bzw. auf Filialebene ausgeführt. Das bedeutet, dass die Planung des Rückgewinnungsprozesses sowie die Kontaktaufnahme mit den abgewanderten Kunden jeweils innerhalb der einzelnen Filialen organisiert werden. Dieser Ansatz ist jedoch mit einem hohen Implementierungsaufwand verbunden, da filialweit Mitarbeiterschulungen durchgeführt werden müssen.

Ein Kompromiss, der zur Anwendung der dezentralen Organisation des KRM bei reduziertem Implementierungsaufwand führen kann, besteht darin, dass nur geschulte Führungskräfte die KR durchführen (vgl. Michalski 2002, S. 218).

© Springer Fachmedien Wiesbaden 2015
M. Neu, J. Günter, *Erfolgreiche Kundenrückgewinnung,*
DOI 10.1007/978-3-658-04807-5_5

5.2 Anpassung der Unternehmenssysteme

Für die Einführung eines KRM ist die Verfügbarkeit von kundebezogenen Informationen von hoher Priorität. Die erforderlichen Informationen sind häufig sogar schon innerhalb des Unternehmens vorhanden. Die Problematik liegt jedoch oftmals im Umgang mit den Daten und deren sinnvoller Aufbereitung sowie Verwendung.

Abhilfe kann die Etablierung eines Data-Warehouse schaffen. In diesem sind alle dezentralen Informationen, wie bspw. aus dem Rechnungswesen oder Qualitätsmanagement, über einen Kunden zusammengeführt (vgl. Lusti 1999, S. 123 ff.). Mit der Implementierung des Data-Warehouse wird eine Informationsbasis errichtet. Die Informationen werden im nächsten Schritt für das KRM nutzbar gemacht. Generell bietet ein Data-Warehouse zentrale Hilfen bei entscheidungsrelevanten Fragen im KRM, wie z. B. bei der Identifikation der abgewanderten Kunden, der Dialoginitiierung oder der Erfolgskontrolle. Um ein umfangreiches Controlling durchführen zu können, ist eine entsprechende Datenquantität und -qualität Voraussetzung, da diese mittels passender Kennzahlen bewertet werden müssen (vgl. Seidl 2009, S. 25). Festzuhalten ist, dass ein Data-Warehouse sich nicht nur für das KRM, sondern für das gesamte Kundenmanagement eignet und einen Beitrag zu einem erfolgreichen Managementprozess leistet (vgl. Michalski 2002, S. 219).

Beispiel: Anpassung der Unternehmenssysteme

Ein Best-Practice-Beispiel in diesem Zusammenhang bietet der Bereich der Kreditwirtschaft. Beispielsweise halten Kundenbetreuer mit Hilfe des Betriebssystems grundlegende Informationen in Bezug auf die Geschäftsbeziehung fest. Eine spezielle Eingabemaske hilft dabei, systematisch unter anderem den Auflösungsgrund, die Einstufung über die Rückgewinnungsrentabilität oder potenzielle Rückgewinnungsmaßnahmen festzuhalten.

5.3 Anpassung der Unternehmenskultur

Der Begriff „Unternehmenskultur" wird als gemeinsames Denk- sowie Verhaltensschema aller Mitarbeiter eines Unternehmens angesehen und hat einen erfolgskritischen Einfluss auf das KRM (vgl. Heinen und Dill 1990, S. 17; Seidl 2009, S. 24). Jedoch ist die Unternehmenskultur nur bedingt veränderbar, da sie historisch und unternehmensindividuell herangewachsen ist. Dennoch sollten Unternehmen darauf bedacht sein, dass ihre betriebsinterne Kultur folgende drei Merkmale aufweist (vgl. Michalski 2002, S. 220 f.):

1. Der **korrekte Umgang mit Fehlern** ist ein wichtiges Erfolgskriterium im KRM. Wenn eine Unternehmenskultur Unzufriedenheitsäußerungen als eine Art Hilfestellung betrachtet, besteht die Möglichkeit einer unternehmensinternen Leistungsverbesserung. Zudem sollte nicht die Suche nach dem Fehlerverursacher im Mittelpunkt stehen, sondern die Entwicklung von konstruktiven Fehlervermeidungsstrategien (vgl. Homburg und Schäfer 1999, S. 15).

2. Die Art und Weise der **internen Kommunikation** ist ebenfalls ein bedeutsamer Faktor der Unternehmenskultur. Eine offene und selbstkritische Kommunikationskultur, bei der die Möglichkeit besteht, eigene Fehler bedenkenlos zuzugeben und Verbesserungsmöglichkeiten offen zu diskutieren, ist förderlich für ein systematisches KRM (vgl. Michalski 2002, S. 220 f.).

3. Eine hohe **Konfliktbewältigungsbereitschaft** wird von den Mitarbeitern, welche im KRM tätig sind, erwartet. Ist diese allerdings nicht vorhanden, so findet eine Problemlösung häufig durch die nächsthöhere Hierarchieebene statt (vgl. Michalski 2002, S. 220 f.).

5.4 Empowerment der Mitarbeiter durch richtiges Führungsverhalten

Das richtige Führungsverhalten ist neben den zuvor aufgeführten Anpassungen ein ebenso entscheidender Faktor, um ein erfolgreiches, systematisches KRM durchzuführen. Ein Konzept zum Empowerment bietet den Mitarbeitern im KRM eine gute Grundlage für selbstständiges Handeln.

Zu dem Begriff Empowerment bzw. Mitarbeiter-Empowerment gibt es keine einheitliche Definition in der Literatur. Ganzheitlich betrachtet verfolgt das Empowerment-Konzept, Mitarbeiter zu unternehmerischem Denken zu bewegen und sie zu größerer Leistung innerhalb der wachsenden dynamischen Geschäftsumgebung zu motivieren. Durch Ermächtigungen und Vollmachten bzw. Bevollmächtigungen von einzelnen Mitarbeitern oder gesamten Teams können individuelle Fähigkeiten besser eingesetzt werden. Dabei ist es wichtig, dass der Empowerment-Gedanke von der gesamten Managementebene unterstützt wird. Nur so ist es möglich, das Konzept in das gesamte Unternehmen, d. h. Unternehmensstruktur, -kultur und -informationssysteme zu implementieren. Die folgenden drei Elemente sind grundlegend für eine erfolgreiche Implementierung des Empowerment-Ansatzes (vgl. Blanchard et al. 1998).

5.4.1 Grundlegende Elemente für eine erfolgreiche Implementierung des Empowerment-Ansatzes

Zugänglichkeit aller Informationen

Mitarbeiter zu empowern, bedeutet auch, ihnen Zugang zu allen Informationen über die Leistung des Unternehmens zu verschaffen. Dies beinhaltet z. B. Informationen über Gewinn und Verlust, Marktanteile, Mängel und/oder Produktivität (vgl. Blanchard et al. 1998, S. 36). Ein umfangreicher Informationsfluss ist vonnöten, denn nur informierte Mitarbeiter können verantwortungsvoll und selbstständig agieren. Die vielen Informationen tragen dazu bei, die zuvor strikten Hierarchieebenen abzuflachen und Teamarbeit zur fördern. Die Anwendung des Empowerment-Konzepts verlangt den Vorgesetzten ein hohes Maß an Mut und Vertrauen ab, da sie sensible Informationen weitergeben müssen. Im Umkehrschluss fördert die offene Informationspolitik jedoch das Verantwortungsgefühl der Mitarbeiter und ein Verständnis für die Firmensituation. Mitarbeiter werden dazu angeregt, ihr selbstständiges Denken, Wissen und Können gänzlich im Sinne der Unternehmung einzusetzen (vgl. Blanchard et al. 1998, S. 35–44).

Autonomie durch Grenzen

Der zweite wichtige Aspekt bei der Einführung von Empowerment ist das Entwickeln eines Rahmens, in welchem die Mitarbeiter selbstständig und eigenverantwortlich arbeiten können. Das Abstecken von Handlungsspielräumen und Richtlinien ist essenziell, denn ohne diese verfallen Menschen leicht in ihre alten Verhaltensmuster und in Unselbstständigkeit zurück. Zudem sind sie notwendig, um Energien in eine bestimmte Richtung zu lenken und dadurch die Ziele des Unternehmens zu verfolgen. Zur Entwicklung von Abgrenzungsbereichen sollten folgende sechs Punkte besonders berücksichtigt werden (vgl. Blanchard et al. 1998, S. 45–54):

1. **Zweck**: Branche des Unternehmens
2. **Werte**: Handlungsrichtlinien
3. **Entwurf**: Zukünftiges Gesamtbild des Unternehmens
4. **Ziele**: Was, wann, wie, wo wird die Zielerreichung verfolgt?
5. **Rollen**: Verantwortlichkeitsabsteckung
6. **Organisatorische Strukturen und Systeme**: Art und Weise, Pläne/Aufgaben zu verfolgen

Durch die Abgrenzung entsteht eine Unternehmensvision. Ziele und Vision werden in die Geschäftsprozesse integriert. Jeder Mitarbeiter kennt seine Rolle und individuellen Ziele, um seinen Beitrag zur Erreichung der Unternehmensvision zu leisten. Mit Hilfe von Autonomie durch Grenzen werden Regeln und Wertvorstellungen dargelegt, die die gewünschten Handlungen herbeiführen. Wenn die gesamte Belegschaft die gleichen Wertvorstellungen vertritt, ist es einfacher, richtige und schnelle Entscheidungen zu treffen. Somit werden Mitarbeiter durch die entwickelten Strukturen und Entscheidungsspielräume empowert (vgl. Blanchard et al. 1998, S. 45–54).

Hierarchie durch Teams ersetzen

Hierarchieebenen sollen möglichst reduziert und durch Teams ersetzt werden. Dieses Vorhaben wird aufgrund der Annahme verfolgt, dass ein Team mehr erreichen kann als ein Individuum.

> Bei einem selbstständigen Team handelt es sich um eine Gruppe von Mitarbeitern, die gemeinsam die Verantwortung für einen ganzen Arbeitsprozess oder für die Herstellung eines Produktes übernommen haben. Als Team planen sie die Aufgabe und führen sie aus, selbstständig von Anfang bis Ende. (Blanchard et al. 1998, S. 64)

Zusammengefasst lässt sich festhalten, dass die traditionelle Hierarchiepyramide durch das Empowerment-Konzept abgeflacht wird und nun eher mit einem Kreis vergleichbar ist. Dies stellt eine Veränderung in der Unternehmensstruktur dar (vgl. Stewart 1997, S. 39). Für das Empowerment der Mitarbeiter sowie für die Einführung eines KRM ist es notwendig, dass eine offene Unternehmenskultur besteht. Besonders der Aspekt Vertrauen zwischen Vorgesetzten und Mitarbeitern ist grundlegend und einer der wichtigsten Aspekte für die Einführung von Empowerment im Unternehmen (vgl. Stewart 1997, S. 43). Dies beinhaltet, dass angstfrei über Fehler gesprochen werden kann und eine Möglichkeit zur freien Kritikäußerung besteht. Zur Schaffung von Vertrauen trägt ein umfassendes Informationssystem bzw. ein Informationsfluss bei.

Besonders im Rahmen des KRM ist es erforderlich, dass Mitarbeiter unverzüglich reagieren können, um abgewanderte Kunden zurückzugewinnen. Dies ist nur möglich, wenn die Mitarbeiter Zugang zu allen Informationen haben und wenn sie sofort innerhalb eines umfangreichen, festgelegten Handlungsspielraums agieren können. Unnötige Rückfragen bei Vorgesetzten führen zur Verzögerung einer Fallbearbeitung und tragen folglich zu einer zusätzlichen Erschwerung bei, die zumeist unzufriedenen Kunden zurückzuholen.

Abschließend ein Vor- und ein Nachteil für den Einsatz des Empowerment-Konzepts im Rahmen des KRM.

Das Mitspracherecht der KR-Agenten fördert die Entfaltung neuer Ideen in Bezug auf Rückgewinnungsmaßnahmen. Dadurch wird die Selbstverwirklichung gefördert und die KR-Agenten gehen ihrer Arbeit, Kunden zurückzugewinnen, motivierter nach (vgl. Keis 2000, S. 12).

Ein falscher Umgang im eigenständigen Handeln kann mehr zerstören als nutzen. Es besteht die Gefahr, dass die KR-Agenten die zugeteilte Macht falsch interpretieren und damit die Rückgewinnung gefährdet wird (vgl. Haller 2005, S. 284).

5.4.2 Kundenrückgewinnungsstrategiesuche mit Hilfe motivierter Mitarbeiter

Die Einbindung von Mitarbeitern in die Strategiesuche des KRM ist ganz im Sinne des zuvor aufgeführten Empowerment-Konzepts. Findet die Strategiesuche bzw. eine Verbesserung einer bereits bestehenden Rückgewinnungsstrategie in einem Team statt, können die verantwortlichen Mitarbeiter und deren Talente zu einer Erreichung des Ziels beitragen. Vorteilhafte Synergieeffekte werden somit freigesetzt. Dabei sollte sich das Team aus höchstens sieben Personen aus den relevanten Fachbereichen zusammensetzen. Durch die Einbindung von ausgewählten motivierten Mitarbeitern besteht das Team aus Führungskräften und aus Mitarbeitern, welche die Strategien letztendlich umsetzen und anwenden (vgl. Sauerbrey und Henning 2000, S. 54).

Sauerbrey und Henning (2000, S. 54 f.) arbeiten die Sinnhaftigkeit der Durchführung eines Team-Workshops vor Beginn der ganzheitlichen Entwicklungsphase des KRM heraus. Damit soll Einstieg in die Materie gewährleistet werden. Inhalte sind bspw. das Besprechen von potenziellen Kündigungsursachen, die Suche von Strategien bzw. Strategiealternativen sowie eine Bewertung von Chancen und Risiken der KR. Zur Herbeiführung einer Problemlösung im Rahmen des Workshops sind verschiedene Methodiken, wie das Brainstorming/-writing oder die Metaplantechnik und insbesondere das Mindmapping hilfreich (vgl. Steinle et al. 1999, S. 38 f.). Mindmapping, entwickelt von Tony Buzan, ist eine kreative und flexible Methode, um Gedanken in Form von Schlagwörtern oder Bildern zu sammeln, zu ordnen, aufzuzeichnen oder zu gliedern (vgl. Duden o. J.; ThinkBuzan o. J.). Bei der Erstellung von Mindmaps ist zu beachten, dass das Thema im Zentrum steht und sich von dort aus alle Gedanken verzweigen. Mit Hilfe der graphischen Darstellung von Verzweigungen werden Aspekte übersichtlich dargestellt. Dies regt den Betrachter zum Denken an. Zur Steigerung des Assoziationsvermögens und zur Hervorhebung wichtigen Gedankenguts können Farben und Bilder hinzugefügt werden (vgl. ThinkBuzan o. J.). Zur Veranschaulichung wird in Abb. 5.1 eine

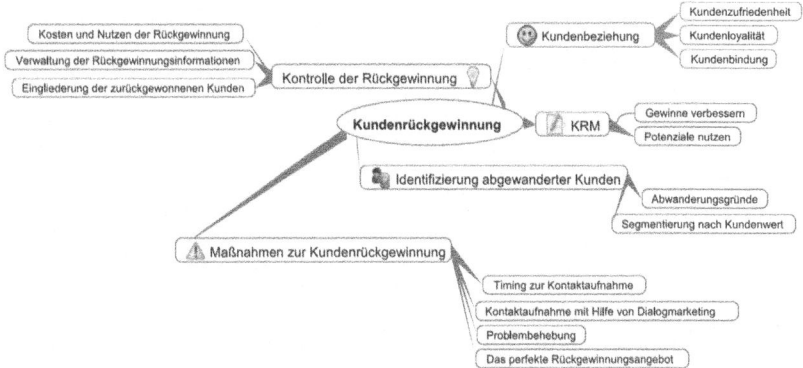

Abb. 5.1 Mindmap zur Strategiesuche im Kundenrückgewinnungsmanagement

Mindmap zum KRM, wie sie während eines Workshops zur Problemlösung und zur Strategiesuche beiträgt, dargestellt.

Die Anwendung der Mindmapping-Methode ist bei der Bestimmung von Kündigungsursachen und zur Darlegung von Chancen und Risiken der Rückholmaßnahmen sinnvoll. Die Visualisierung der Thematik ist eine Hilfe bei der Ableitung und der Entwicklung von KR-Strategien. Ebenso ist es eine Entscheidungshilfe, ob und wie ein KRM im Unternehmen implementiert werden soll. Des Weiteren besteht die Möglichkeit, durch das Mindmapping Trainingsinhalte für Schulungen im Rahmen des KRM abzuleiten (vgl. Sauerbrey und Henning 2000, S. 55).

Die Vorgehensweise bzw. die richtige Methode für die Entwicklung einer zielführenden KR-Strategie ist jedoch nicht zu pauschalisieren, da die jeweiligen Rahmenbedingungen des Unternehmens eine Rolle spielen. Allgemeingültig kann dennoch dargestellt werden, dass Mitarbeiter nur mitdenken und im Interesse des Unternehmens handeln, wenn nachvollzogen werden kann, wie (KR-Strategie) was (KR) erreicht werden soll (vgl. Reiter 2006, S. 71). Mit Hilfe von gezielten Schulungen und Trainingseinheiten kann eine zielführende Unterstützung angeboten werden. Ein Beispiel aus der Praxis verdeutlicht, dass sich die Strategiesuche von Unternehmen zu Unternehmen unterscheiden kann.

Beispiele: Strategiesuche im Bankenwesen und im Versandhandel

Zur Strategiesuche im Bankenwesen werden bspw. zwei Gruppen eingeteilt. Die Gruppen bestehen dabei aus Marketingmitarbeitern und Personen, welche direkt in der KR arbeiten. Beide Gruppen entwickeln mit Hilfe einer Kombination von Methoden (Brainwriting/-storming, Mindmapping etc.) ein differenziertes Konzept bzw. einen Prozess zur KR. An einem vereinbarten Stichtag werden beide Konzepte vorgestellt und daraus wird ein umfangreiches Konzept zum KRM entwickelt.

In der Versandhandelsbranche werden bspw. bei der Strategiesuche bzw. -verbesserung auch die Ideen und Kritikpunkte von anderen Niederlassungen (auch außerhalb des eigenen Landes) berücksichtigt. Im Zuge dessen entwickeln Mitarbeiter der Hauptniederlassung eine innovative KR-Strategie, welche unternehmensübergreifend implementiert wird.

5.5 Richtiges Kommunizieren als zentrales Instrument der Kundenrückgewinnung

Nicht nur die gesamtheitliche Rückgewinnungsstrategie (Aufbau des KRM) und insbesondere das Rückgewinnungsangebot, der Zeitpunkt der Kontaktaufnahme und die Rahmenbedingungen sind ausschlaggebend für den Rückgewinnungserfolg. Die Mitarbeiter, welche die KR-Gespräche am Telefon oder auch persönlich führen, spielen eine durchaus entscheidende Rolle. Daher ist es von höchster Bedeutung, dass die sogenannten KR-Agenten in dem Thema Kommunikation absolute Experten sind.

Kommunikation kann als zwischenmenschlicher, verbaler und/oder non-verbaler Kontakt stattfinden. Wie Paul Watzlawick et al. (1982, S. 53) sagten: „Man kann nicht nicht kommunizieren, denn jede Kommunikation (nicht nur mit Worten) ist Verhalten und genauso wie man sich nicht nicht verhalten kann, kann man nicht nicht kommunizieren."

Sprache und andere Körpersprache (bspw. Mimik und Gestik) werden dabei so effizient wie möglich für die Erreichung eines bestimmten Zwecks eingesetzt. Dabei ist zu beachten, dass jede Kommunikation einzigartig ist. Kündigungsursache, Gesprächsdauer sowie Gesprächsatmosphäre variieren von Kunde zu Kunde. Ebenso können sich Gegebenheiten, wie die Motivlage des Kunden, von einem zum anderen Gespräch verändern (vgl. Sauerbrey und Henning 2000, S. 56).

Beim KR-Gespräch spielt der beidseitige Eindruck der Gesprächspartner eine wichtige Rolle. Die eigene Wirkung hängt dabei immer von dem jeweiligen Gegenüber ab (vgl. Schneiderheinze und Zotta 2009, S. 641). Aus diesem Grund müssen sich die KR-Agenten vor und während des Gesprächs einen umfangreichen Eindruck vom Kündiger verschaffen und sein Verhalten analysieren. Ebenso gilt es festzustellen, welches Bild sich der Kündiger vom KR-Agenten während des Gesprächs gemacht hat (vgl. Sauerbrey und Henning 2000, S. 56).

Der Mitarbeiter des KRM ist dafür verantwortlich, eine gute Kommunikationsatmosphäre aufzubauen, um somit den Kunden zurückzugewinnen. Zur Verwirklichung einer erfolgreichen Kommunikation ist ein Verständnis über die nachfolgenden Aspekte grundlegend.

5.5.1 Die Wirklichkeit realistisch wahrnehmen

Es gibt nicht nur eine Wirklichkeit. Die Hintergründe dazu lassen sich mit Hilfe des biologischen und psychologischen Filters erläutern (vgl. Sauerbrey und Henning 2000, S. 56 f.):

Durch den biologischen Filter, welcher durch die menschlichen Sinnesorgane gegeben ist, können vielerlei Signale nicht wahrgenommen werden. Stresshormone sorgen bspw. schon für eine unterschiedliche Wahrnehmung bei Menschen. Das bedeutet, dass ein aufgebrachter Kunde die Inhalte eines Gesprächs begrenzter wahrnimmt als ein neutral gestimmter (vgl. Sauerbrey und Henning 2000, S. 56 f.).

Der psychologische Filter ist dadurch bedingt, dass die persönliche Wahrnehmung durch die eigenen Interessen beeinflusst wird. Daraus lässt sich schließen, dass die eigenen Ängste, Wünsche oder Erwartungen die eigene Wahrnehmung beeinflussen (vgl. Sauerbrey und Henning 2000, S. 56 f.).

Das bedeutet, dass alle Mitarbeiter, die im Bereich der KR eingesetzt werden, den Kunden neutral gegenüberstehen sollten und Methoden nutzen sollten, um eigene Ängste bzw. Stress zu reduzieren.

5.5.2 Erfolgreiche Kommunikation durch positives Denken und Handeln

Nur Mitarbeiter, die der Materie KR positiv gegenüberstehen, können abgewanderte Kunden in das Unternehmen zurückholen. Dabei spiegeln die Mimik, Gestik und die Sprache des KR-Agenten wider, was er denkt. Eine positive, freundliche Ausstrahlung und zuversichtliche Aussagen bzw. Kommentare des Mitarbeiters können die Stimmung eines negativ eingestellten Kunden unverzüglich ins Positive führen. Positive Aussagen (z. B. „Bedenken Sie bitte die Vorteile ...") geben dem abgewanderten Kunden das Gefühl, dass er selbst entscheiden kann und nicht von dem KR-Agenten bedrängt wird (vgl. Weis 2003, S. 18 f.).

5.5.3 Anpassung der Sprechweise an den Kommunikationspartner

Wie bei jeder Kommunikation ist es auch bei dem KR-Gespräch wichtig, eine partnerorientierte Verhaltensweise zu verfolgen. Das bedeutet, dass der KR-Agent ein

hohes Maß an Empathie haben muss, um sich in die Lage des Kunden zu verset-
zen. Das Resultat dessen ist ein erhöhtes Vertrauen des abgewanderten Kunden in
den KR-Agenten. Ebenso wird ein tendenziell gesteigerter Erfolg des Rückgewinnungsgesprächs herbeigeführt. Zur korrekten Anwendung einer partnerorientierten
Sprechweise muss sich der KR-Agent in die Motive, die zur Abwanderung des
Kunden geführt haben, hineinversetzen (vgl. Weis 2003, S. 27).

5.5.4 Aktives Zuhören

Aktives Zuhören bedeutet, die Informationen, die der Gesprächspartner mitteilt, in
ihrer Gesamtheit aufzunehmen und durch „Paraphrasieren" und die Körpersprache
zurückzusenden. Dabei ist es wichtig, dass der KR-Agent nicht nur die sprachli-
che, sondern auch die nicht-sprachliche Botschaft aufnimmt (vgl. Proksch 2010,
S. 64). Dies ist schwierig zu verfolgen, wenn abgewanderte Kunden ihre Unzufriedenheit artikulieren (mit Aussagen, wie z. B. „Mit Ihrer Dienstleistung bin ich
überhaupt nicht zufrieden."), denn in diesem Moment fängt der KR-Agent bereits
geistig damit an, eine Problemlösung zu initiieren. Mit Hilfe des Paraphrasierens
wird dem abgewanderten Kunden durch die Wiedergabe der wichtigsten Ge-
sprächspunkte das aktive Zuhören des KR-Agenten vermittelt. Aktives Zuhören,
auch durch Blickkontakt oder Kopfnicken vermittelt, hat einen wertschätzenden
Charakter dem Gesprächspartner gegenüber. Das Aussprechen von „Verstärkern",
wie „Aha", „Tatsächlich", „Verstehe ich Sie richtig, dass bei Ihnen …" oder, „Was
Sie soeben gesagt haben, fasse ich so auf …" verdeutlicht ebenfalls das aktive
Zuhören des KR-Agenten (vgl. Weis 2003, S. 28).

5.5.5 Anteilnahme zeigen

Besonders bei dem sensiblen Thema der KR ist es wichtig, dem Kunden gegenüber
Verständnis und Anteilnahme zu zeigen, sodass er sich verstanden und gut aufge-
hoben fühlt. Mit großer Wahrscheinlichkeit wird der abgewanderte Kunde eine
negative Einstellung dem Unternehmen gegenüber haben. Deshalb ist es wichtig,
dass der KR-Agent dem verärgerten Kunden positive Signale vermittelt. Besonders
am Telefon sind verbale, zustimmende Aussagen und Aufmerksamkeitsbestätigun-
gen, wie z. B. „sehr gut", „das stimmt" oder „ich verstehe", von Bedeutung. Zu den
positiven Signalen gehört auch die Mimik. Das bedeutet, dass ein KR-Agent stets
eine positive Ausstrahlung und ein Lächeln im Gesicht haben sollte, auch wenn
das KR-Gespräch auf telefonischem Wege stattfindet. Während des Gesprächs zur

Rückgewinnung vermittelt der KR-Agent neben sachlichen auch emotionale Informationen. Diese werden bspw. durch den Tonfall oder die Art der gewählten Formulierungen vermittelt (vgl. Sauerbrey und Henning 2000, S. 58). Daraus lässt sich schließen, dass jedes Gespräch Inhalts- und Beziehungsaspekte implementiert (vgl. Watzlawick et al. 1982, S. 56).

5.5.6   Einwandbehandlung

Ein Einwand ist ein Grund oder eine Aussage des Kündigers, welche vermeintlich gegen die Annahme des Rückgewinnungsangebots spricht. Einwände im KRM können sich bspw. auf zu hohe Preise, Desinteresse am angebotenen Produkt oder mangelhafte Glaubwürdigkeit beziehen. Dabei ist zu ermitteln, ob die Einwände im Zusammenhang mit dem tatsächlichen Kündigungsgrund stehen (objektiver Einwand) oder ob es sich um einen Vorwand bzw. eine Ausrede handelt (subjektiver Einwand). Konnte der KR-Agent feststellen, dass es sich nur um einen Vorwand handelt, darf dies jedoch nicht aufgedeckt werden, um Peinlichkeiten zu vermeiden. Der Kunde sollte nicht direkt gefragt werden: „Ist Ihnen das Produkt zu teuer?", oder: „Können Sie es sich einfach nicht mehr leisten?" Zur Nachforschung sind deshalb Kontrollfragen besser geeignet wie bspw. „Wenn sich das Angebot preislich reduzieren würde, würden Sie das Angebot dann annehmen?" Wurde die tatsächliche Kündigungsursache während des KR-Gesprächs (telefonisches oder persönliches Gespräch) aufgedeckt, reagiert der KR-Agent sofort und versucht, das Problem zu beseitigen und dem abgewanderten Kunden ein passendes Angebot zu unterbreiten (vgl. Sauerbrey und Henning 2000, S. 58 f.). Eine Reaktion könnte wie folgt aussehen:

> Sie möchten also den Vertrag auflösen, da Ihnen die Konkurrenz bessere Leistungen zu günstigeren Konditionen bietet? Was halten Sie davon, wenn wir Ihnen ebenfalls die zusätzlichen Leistungen zu den gleichen Konditionen anbieten und Ihren Vertrag für ein Jahr verlängern? Zusätzlich gibt Ihnen eine Zufriedenheitsgarantie die Möglichkeit, den Vertrag bei Unzufriedenheit innerhalb der ersten 30 Tagen doch noch zu beenden (vgl. Sauerbrey und Henning 2000, S. 59).

5.5.7   Wahrung der Authentizität

Die Beachtung und Einhaltung der dargestellten Aspekte, wie z. B. der partnerorientierten Sprechweise, sind sehr hilfreiche Anhaltspunkte, um das Ziel der KR zu erreichen. Jedoch ist eine erfolgreiche Anwendung nur möglich, wenn der KR-

Agent stets seine Authentizität wahrt. Nur ein Mensch, der sich nicht verstellt, kann seinen Standpunkt glaubwürdig vertreten und Informationen transferieren. Mitarbeiter sollten nicht zwanghaft durch Kommunikationsleitlinien verändert werden, sondern Leitlinien sollten dazu beitragen, dass KR-Agenten ihre Authentizität bewusst entwickeln und flexibel ausspielen und einsetzen (vgl. Schneiderheinze und Zotta 2009, S. 66).

Die Verinnerlichung der zuvor aufgeführten Aspekte hilft KR-Agenten, eine erfolgreiche Kommunikation aufzubauen und somit einen Grundbaustein für die Rückgewinnung des Kunden zu legen.

Literatur

Blanchard, K., Carlos, J. P., & Randolph, A. (1998). *Management durch Empowerment. Das neue Führungskonzept: Mitarbeiter bringen mehr, wenn sie mehr dürfen.* Reinbek bei Hamburg: Rowohlt.

Duden. (o. J.). Mindmapping. http://www.duden.de/rechtschreibung/Mindmapping. Zugegriffen: 2. Juli 2012.

Haller, S. (2005). *Dienstleistungsmanagement: Grundlagen – Konzepte – Instrumente.* Wiesbaden: Gabler.

Heinen, E., & Dill, P. (1990). Unternehmenskultur aus betriebswirtschaftlicher Sicht. In H. Simon (Hrsg.), *Herausforderung Unternehmenskultur* (S. 12–24). Stuttgart: Schäffer Poeschel.

Homburg, C., & Schäfer, H. (1999). *Customer Recovery. Profitabilität durch systematische Rückgewinnung von Kunden.* Arbeitspapier des Instituts für Marktorientierte Unternehmensführung (IMU), Nr. M 39. Mannheim: Universität Mannheim.

Keis, D. (2000). *Umsetzung von Empowerment im Unternehmen. Eine Analyse aus der Perspektive konstruktivistischer Ansätze der Organisationstheorie.* München: FGM.

Lusti, M. (1999). *Data Warehousing und Data Mining. Eine Einführung in entscheidungsstützende Systeme.* Berlin: Springer.

Michalski, S. (2002). *Kundenabwanderungs- und Kundenrückgewinnungsprozesse eine theoretische und empirische Untersuchung am Beispiel von Banken.* Wiesbaden: Gabler.

Proksch, S. (2010). *Konfliktmanagement im Unternehmen. Mediation als Instrument für Konflikt- und Kooperationsmanagement am Arbeitsplatz.* Berlin: Springer.

Reiter, M. (2006). *Öffentlichkeitsarbeit: die wichtigsten Instrumente, die richtige Kommunikation, der beste Umgang mit den Medien.* Heidelberg: Redline.

Sauerbrey, C., & Henning, R. (Hrsg.). (2000). *Kundenrückgewinnung. Erfolgreiches Management für Dienstleister.* München: Vahlen.

Schneiderheinze, W., & Zotta, C. (2009). *Ganz einfach überzeugen. So nutzen Sie Ihre emotionale Kompetenz in schwierigen Verkaufssituationen.* Wiesbaden: Gabler.

Seidl, F. (2009). Customer Recovery und Controlling. In J. Link & F. Seidl (Hrsg.), *Kundenabwanderung. Früherkennung, Prävention, Kundenrückgewinnung. Mit erfolgreichen Praxisbeispielen aus verschiedenen Branchen* (S. 5–34). Wiesbaden: Gabler.

Steinle, C., Eggers, B., & Kolbeck, F. (1999). *Wandel planen und umsetzen mit PUZZLE.* Frankfurt a. M.: FAZ Verlag.

Stewart, A. M. (1997). *Mitarbeitermotivation durch Empowerment.* Niedernhausen: Falken.

ThinkBuzan. (o. J.). Ethos and philosophy. http://www.thinkbuzan.com/de/company/about. Zugegriffen:12. Juli 2012.

Watzlawick, P., Beawin, J. H., & Jackson, D. D. (1982). *Menschliche Kommunikation. Formen, Störungen, Paradoxien.* Bern: Huber.

Weis, C. (2003). *Verkaufsgesprächsführung.* Ludwigshafen: Kiehl.

Grundlagen der Kündigungsprävention   6

Im Rahmen der Kündigungsprävention gibt es verschiedene Möglichkeiten, Kundenabwanderung zu verhindern. Zum besseren Verständnis der Materie werden die Aspekte präzise dargelegt. Zunächst werden die Grundlagen der Kündigungsprävention erläutert, und anschließend wird aufgezeigt, wie abwanderungsgefährdete Kunden mit Hilfe von Churn Management bzw. eines Churn-Systems identifiziert werden können. Danach wird aufgeführt, wie eine Kundenbindung optimiert werden kann und weshalb ein aktives Beschwerdemanagement ebenfalls zur Kündigungsprävention beiträgt.

Die Kündigungsprävention bzw. das Kündigungspräventionsmanagement wird dem Teilgebiet des Kundenbindungsmanagements zugeordnet. Wie der Begriff verrät, ist das Ziel, Kündigungen vorzubeugen (vgl. Michalski 2006, S. 586; Seidl 2009, S. 13).

Im Rahmen der Kündigungsprävention werden Schätzungen bezüglich der Wahrscheinlichkeit der Abwanderung getroffen. Zudem wird das Risiko ökonomischer Folgen für das Unternehmen eingeschätzt. Wie im KRM differenzieren sich die Maßnahmen der Kündigungsprävention nach Kundensegmenten. Das bedeutet, Kunden mit dem höchsten Kundenwert (Starkunden) stehen im Mittelpunkt der Abwanderungspräventionsmaßnahmen (vgl. Seidl 2009, S. 13; Michalski 2002).

Wenn dem Unternehmen diverse Informationen zu der Eintrittswahrscheinlichkeit der Kündigung vorliegen, entscheiden die zuständigen Mitarbeiter, ob sich der Kunde für Kündigungspräventionsmaßnahmen eignet. Die Entscheidung wird bspw. mit Hilfe von ABC-Analyse, Scoring-Modellen, CLV-Modell oder Data-Mining getroffen. Mittels dieser Methoden werden Kundensegmente erkannt und profitable Kunden herausgefiltert, wie bereits in Abschn. 4.1.3 erläutert. Laut

© Springer Fachmedien Wiesbaden 2015
M. Neu, J. Günter, *Erfolgreiche Kundenrückgewinnung*,
DOI 10.1007/978-3-658-04807-5_6

Seidl (2009, S. 15) ist es aus ökonomischer Sicht empfehlenswert, Kunden, die ein schwaches Abwanderungsrisiko sowie eine schwache Profitabilität (aus Kosten-Nutzen-Sicht) aufweisen, von den Kündigungspräventionsmaßnahmen auszuschließen. Steht fest, welche Kundengruppen für die Präventionsmaßnahmen in Frage kommen, sind wie beim KRM die passenden Maßnahmen bzw. Strategien hierfür festzulegen. Dabei kommt es i. A. zu einem fließenden Übergang zu den allgemeinen Kundenbindungsmaßnahmen (vgl. Michalski 2006, S. 597).

Für die Vermeidung von Kundenabwanderung bzw. zur Kündigungsprävention gibt es folgende Kündigungspräventionsstrategien, um unzufriedene Kunden wieder zufrieden zu stimmen (vgl. ähnlich Bruhn 2009; Michalski 2006, S. 599):

- **Dialogstrategie:** Mit Hilfe dieser Strategie soll das verloren gegangene Vertrauen wiederaufgebaut werden, bspw. durch ein persönliches und klärendes Gespräch. Ebenso wird eine Nutzenargumentation sowie eine Überzeugung über die Vorteilhaftigkeit des Leistungsangebots angestrebt. Eine präventive Kommunikation zur Informationsgewinnung, um eine potenzielle Kundenabwanderung zu vermeiden, wirkt sich ebenfalls positiv aus (vgl. Mann 2009, S. 175).
- **Anreizstrategie:** Das Unternehmen bietet Kunden Anreize, wie Einladungen zu Events oder Vertragsanpassungen, mit dem Ziel, den Kunden zur Weiterführung der bisherigen Geschäftsbeziehung zu bewegen.
- **Austrittsbarrierenstrategie:** Zu den Austrittsbarrieren zählen bspw. Kündigungsgebühren oder ein aufwändiger Kündigungsprozess. Diese Art und Weise der vertraglichen Bindung ist heutzutage aufgrund der gegenwärtigen Wettbewerbsbedingungen schwierig durchzusetzen. Zudem ist diese Strategie durch eine gewisse „Zwanghaftigkeit" langfristig wahrscheinlich nicht erfolgversprechend.
- **Kompensationsstrategie:** Erfahren Kunden finanzielle Verluste, die eindeutig auf Fehler der Anbieterseite zurückzuführen sind, kann das Unternehmen eine Kompensation (bspw. finanzieller Verlustausgleich) offerieren.

Der Einsatz der aufgeführten Strategien trägt, neben den noch aufzuführenden Aspekten, zur Vorbeugung einer Kündigung bei. Die Erfolgswahrscheinlichkeit steigt, je besser ein Anbieter den Kunden und dessen Präferenzen kennt. Veränderte Beziehungsindikatoren, wie Beschwerden, Wechselandrohungen oder eine stufenweise Reduktion der Leistungsinanspruchnahme, sind ein Indiz dafür, dass sich der Kunde vom Unternehmen entfernt. Aus diesem Grund ist eine Sensibilisierung der Mitarbeiter in Bezug auf Beziehungsindikatoren sehr wichtig.

6.1 Identifikation abwanderungsgefährdeter Kunden mit Hilfe von Churn Management

Ein ganzheitliches Churn Management unterstützt Unternehmen dabei, abwanderungsgefährdete Kunden zu identifizieren und ungewollte Abwanderung zu verhindern. Das Wort „Churn" ist ein Kunstwort und setzt sich aus den englischen Wörtern „Change" und „Turn" zusammen. Das Ziel des Churn Managements ist es, rentable Kunden zu halten und den unrentablen die Abwanderung zu erleichtern. Damit steigern bspw. Telekommunikationsdienstleister sowohl ihren tatsächlichen als auch den zu erwartenden Umsatz. Im Fokus steht dabei immer die Erreichung eines optimalen CLV (vgl. Rauchut 2009, S. 271–309).

Ein erfolgreiches Churn Management ist ausschließlich mit Hilfe eines Data-Warehouse möglich. Zur Abwanderungsprävention im Rahmen des Churn Managements ist die explizite Kenntnis des Kunden unumgänglich (vgl. Rauchut 2009, S. 277). Dies beinhaltet:

- Nutzungsmerkmale (z.B. Tarifwahl, Kommunikationsverhalten)
- Kaufverhalten (z.B. Art des in Anspruch genommenen Vertriebskanals)
- Individueller Kundenwert (automatisierte Berechnung auf Basis von Produktwahl/Nutzungsverhalten, zurechenbaren Vertriebs- und Marketingkosten etc.
- Soziodemographische Faktoren (z.B. Alter, Geschlecht, Wohnsituation)

Zur Errechnung der Abwanderungswahrscheinlichkeit wird das sogenannte Prediction-Modell eingesetzt. Dies ist ein statistisches Modell, welches automatisiert für jeden Kunden eine individuelle Abwanderungswahrscheinlichkeit (Churn Score) berechnet. Es werden sogenannte Churn-Prädikatoren (Merkmale, die auf eine baldige Abwanderung hinweisen) ermittelt. Bei einem Telekommunikationsunternehmen könnten diese bspw. die Beschwerdehäufigkeit oder der Anteil an Fremdnetztelefonie sein. Zur Ermittlung der Prädikatoren werden reale Kundenverluste analysiert und daraus ein Algorithmus abgeleitet. Das Unternehmen legt dabei fest, ab welchem Churn Score ein Kunde als abwanderungsgefährdet eingestuft wird. Ebenso wird festgelegt, durch welche Strategie die ausgewählte Kundenmenge an das Unternehmen gebunden und somit Verträge verlängert werden sollen (vgl. Rauchut 2009, S. 277–279).

Besonders hilfreich sind integrierte IT-Systeme, wie sie bspw. SAP anbietet. Die analytische Applikation „Churn Management" analysiert das Abwanderungsverhalten von Kunden. Ebenso bietet sie die Möglichkeit, das Kundenverhalten besser vorherzusehen, zu verstehen und zu beeinflussen. Dadurch wird letztendlich versucht, Kundenabwanderungen auf langfristige Sicht zu reduzieren und die Kundenbindung zu erhöhen. Mittels diverser Data-Mining-Methoden sowie weiterer analytischer Anwendungen besteht die Möglichkeit, Verhaltensmuster von ehemaligen Kunden zu ermitteln. Es werden unterschiedliche Kennzahlen zum Wert und zur Abwanderung eines Kunden ermittelt, bspw. die Abwanderungswahrscheinlichkeit, der Kundenwertindex[1] sowie der Wert-Churn-Index[2]. Ebenso werden die Kundenzufriedenheit und -loyalität einbezogen. Die durch das System ermittelten Informationen sind hilfreich, um Kunden mit ähnlichen Verhaltensmustern wie denen der bereits abgewanderten Kunden zu identifizieren. Durch die Analyse ähnlicher Verhaltensmuster können schneller Maßnahmen eingeleitet werden, um Kunden im Unternehmen zu halten (vgl. SAP o. J.a, b, c).

Praxiserfahrungen zeigen, dass sich die Investition in ein solches systematisches Frühwarnsystem lohnt, da sich dieses häufig bereits im ersten Jahr amortisiert. Eine frühzeitige sowie bedarfsorientierte Ansprache von abwanderungsgefährdeten Kunden wirkt sich positiv auf die Stabilisierung der Kundenbindung aus und ist somit ein Instrument zur Kündigungsprävention (vgl. Braunmüller und Hamele 2009, S. 261).

6.2 Optimierung der Kundenloyalität

Eine ausgewogene Kundenloyalität dem Unternehmen gegenüber ist sehr wertvoll, denn wie in Abschn. 2.2 aufgeführt, kaufen loyale Kunden häufig, haben hohe Cross-Selling-Potenziale, sind (meist) weniger preissensibel und verbreiten positive Mund-zu-Mund-Propaganda.

Zur Steigerung der Kundenloyalität tragen sogenannte Loyalitätsprogramme bei. Generell lassen sich Loyalitätsprogramme in drei Kategorien unterteilen (vgl. Meyer und Schneider 2002, S. 309):

1. **Rabattprogramme**: Bei Vorlage der Kundenkarte werden Preisnachlässe gewährt.
2. **Bonusprogramme**: Umsatzabhängige Boni in Form von Bargeld und/oder Prämien werden gewährt.
3. **Mehrwertprogramme**: Loyale Kunden erhalten Zusatzleistungen.

---

[1] Der Kundenwertindex gibt auf Basis der Kundendeckungsbeiträge den jeweiligen Kundenwert an (vgl. SAP o. J.b).

[2] Der Wert-Churn-Index berücksichtigt den Kundenwert sowie die Abwanderungswahrscheinlichkeit. Wert-Churn-Index = Abwanderungswahrscheinlichkeit * Kundenwertindex. Der Wert-Churn-Index sowie der Kundenwertindex werden dabei mit der Data-Mining-Methode Scoring berechnet (vgl. SAP o. J.a, c).

Die aufgezählten Arten der Loyalitätsprogramme werden häufig in Verbindung mit einer Zahlungsfunktion, Gültigkeit bei mehreren Unternehmen oder einer Verknüpfung von Offline- mit Online-Programmen eingesetzt (vgl. Meyer und Schneider 2002, S. 309).

Ein funktionelles und zielführendes Loyalitätsprogramm sollte unternehmensindividuell gestaltet werden und mehr als ausschließlich Rabatte beinhalten.

Generell ermöglichen Kundenkarten einen individuellen Dialog zwischen Kunde und Unternehmen. Zudem können kundenspezifische Informationen über das Kaufverhalten gewonnen werden. Somit gelingt die Generierung großer Vorteile für Unternehmen (vgl. Bruhn 2012, S. 114).

Häufig werden Kundenkarten in Kombination mit sogenannten Kundenclubs angeboten. Die Zugehörigkeit zu einem Kundenclub, individuelle Serviceleistungen sowie die damit verbundene Erlebnisvermittlung fördern die Emotionalisierung der Kundenbeziehung und somit auch die Kundenloyalität (vgl. Bruhn 2012, S. 118; Heinemann 2013, S. 74).

Kundenclubs lassen sich beispielsweise in sogenannte VIP-Clubs, Life-Style-Clubs, Fan-Clubs und Kunden-Vorteils-Clubs kategorisieren. Im Mittelpunkt stehen hierbei immer der Kunde und dessen Mehrwert (vgl. Bruhn 2012, S. 118).

Beispiel: Loyalitätsprogramm der Lufthansa AG und Mercedes-Benz

Ein praktisches Vorzeigebeispiel in diesem Zusammenhang bietet das Unternehmen Lufthansa AG mit dem Loyalitätsprogramm Miles & More, bei dem monetäre und nicht-monetäre Anreize kombiniert und je nach Flugmeilen verschiedene Boni angeboten werden (vgl. Lufthansa AG o. J.).

Mercedes-Benz bietet für Nutzfahrzeuge eine kostenlose Service-Card an. Diese Karte ermächtigt den Inhaber dazu, unter anderem europaweit bargeldlos zu tanken sowie Fähr-, Maut-, und Tunnelgebühren zu begleichen. Des Weiteren kann ein 24-Stunden-Pannen- und Notfallservice in Anspruch genommen werden (vgl. Mercedes-Benz o. J.).

Eine Steigerung der Kundenloyalität kann auch mittels der Ansätze des aktiven Beschwerdemanagements, Ideenmanagements oder Innovationsmanagements erreicht werden. Hinzuzufügen ist, dass ein unmittelbarer Kontakt zwischen Kunde und Unternehmen ein Gefühl der emotionalen Verbundenheit bei diesem hervorruft. Eine engere psychologische Verbindung verringert die Gefahr, dass Kunden abwandern. Auch ausgereifte Kundenloyalitätsprogramme tragen dazu bei, die Kunden im Unternehmen zu halten. Dies stellt somit eine Präventionsmaßnahme von Kundenabwanderung dar (vgl. Schüller 2007, S. 196 f.).

6.3 Aktives Beschwerdemanagement

Jeder zufriedenen Kunde spricht im Durchschnitt mit drei Personen über seine positiven Erlebnisse mit dem Unternehmen. Allerdings spricht aber jeder unzufriedene Kunde mit neun Personen über seine negativen Erfahrungen. Dies ergaben Studien des Technical Assistance Research Program, welche im Auftrag der amerikanischen Regierung erstellt wurden (vgl. Krafft und Götz 2006, S. 337). Diese Tatsache verdeutlicht, dass negative Mundpropaganda zur Entstehung und Weitertragung eines schlechten Unternehmensleitbildes beitragen kann. Ebenso ist aufzuführen, dass nur ein Bruchteil des Kundenstamms seine Unzufriedenheit in einer Beschwerde gegenüber dem Unternehmen artikuliert.

Werden Beschwerden allerdings zum Ausdruck gebracht, und das Unternehmen benötigt eine lange Bearbeitungszeit, die Mitarbeiter sind schwer zu erreichen oder sogar unhöflich, trägt dieses Verhalten nicht zur Wiederherstellung der Kundenzufriedenheit bei. Aufgrund dessen besteht die Gefahr einer zukünftigen Kundenabwanderung. Es ist deshalb sehr wichtig, dass Unternehmen solchen Situationen präventiv mit einem aktiven Beschwerdemanagement entgegenwirken (vgl. Köhler 2009, S. 318).

Das Ergebnis eines gut organisierten Beschwerdemanagements ist eine Beschwerdezufriedenheit, welche wiederum einen positiven Einfluss auf die Gesamtzufriedenheit hat (vgl. Homburg und Fürst 2010). Somit dient ein aktives Beschwerdemanagement ebenfalls als Prävention von Kundenabwanderung. Um im Weiteren auf den Prozess und die Bedeutsamkeit des Beschwerdemanagements einzugehen, ist es notwendig darzustellen, was sich hinter den Begriffen „Beschwerde" und „Beschwerdemanagement" verbirgt.

▶ **Beschwerden** sind Artikulationen der Unzufriedenheit von Konsumenten, die gegenüber einem Unternehmen vorgebracht werden, wenn der Kunde die wahrgenommenen Probleme subjektiv als gravierend betrachtet. (Bruhn 2012, S. 142)

▶ **Beschwerdemanagement** umfasst die Planung, Durchführung und Kontrolle aller Maßnahmen, die ein Unternehmen im Zusammenhang mit Kundenbeschwerden ergreift. (Stauss o. J.)

Der Prozess des Beschwerdemanagements lässt sich in fünf Schritte unterteilen, welche dazu führen, dass ein unzufriedener Kunden wieder zufriedengestellt wird (vgl. Bruhn 2012, S. 148 f.; vgl. Abb. 6.1).

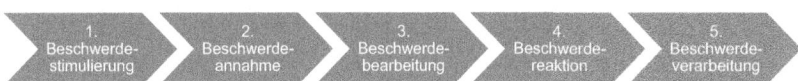

Abb. 6.1 Prozess des Beschwerdemanagements. (Quelle: in Anlehnung an Stauss und Seidel 2007, S. 82)

1. **Beschwerdestimulierung**: Während des ersten Prozessschritts gilt es, eine leichte bzw. unkomplizierte Beschwerdeführung und Kontaktaufnahme der unzufriedenen Kunden mit dem Unternehmen zu etablieren, z.b. mittels Meinungskarten, Servicenummern, persönlichem Gespräch oder online (über die Homepage des Unternehmens, E-Mail, Social-Media-Plattformen). Eine Bewusstseinsstärkung der verantwortlichen Mitarbeiter in Bezug auf den Informationswert von Beschwerden ist zu generieren (vgl. Bruhn 2012, S. 148 f.).
2. **Beschwerdeannahme**: Der zweite Prozessschritt beinhaltet den Erstkontakt des unzufriedenen Kunden mit dem Unternehmen sowie eine systematische, vollständige Aufnahme der Beschwerdeinformationen. Geschultes und situationsbezogenes Verhalten der Mitarbeiter ist besonders bei der Annahme von mündlichen Beschwerden wichtig (vgl. Bruhn 2012, S. 148 f.).
3. **Beschwerdebearbeitung**: Dieser Prozessschritt bezieht sich auf interne Bearbeitungsschritte im Unternehmen und hat großen Einfluss auf die Wiederherstellung der Kundenzufriedenheit. Beschwerdeursachen werden analysiert, und die Informationen zur Beschwerde werden an die zuständigen Abteilungen/ Mitarbeiter weitergegeben. Ebenso werden Standards zur Beschwerdebearbeitung bestimmt (vgl. Bruhn 2012, S. 148 f.).
4. **Beschwerdereaktion**: Während dieser Phase des Beschwerdeprozesses liegt die Aufmerksamkeit auf der Problemlösung bzw. Wiedergutmachung. Das bedeutet, die Beschwerde darf nicht nur entgegengenommen werden, es muss auch eine unverzügliche Reaktion des Unternehmens folgen. Die Bearbeitungsdauer und die Form der Reaktion auf die Beschwerde sind hier festzulegen (vgl. Bruhn 2012, S. 148 f.).
5. **Beschwerdeverarbeitung**: Im letzten Schritt werden gewonnene Informationen dokumentiert und regelmäßig ausgewertet, sodass eine Leistungsverbesserung im Unternehmen generiert werden kann (vgl. Bruhn 2012, S. 148 f.).

Beispiel: Außergewöhnliche Beschwerdestimulierung bei British Airways

Ein außergewöhnliches Best-Practice-Beispiel der Beschwerdestimulierung bietet die Fluggesellschaft British Airways. Diese wählte eine alternative Form der mündlichen Beschwerdestimulierung. Am Flughafen London Heathrow stellte das Unternehmen Video-Point-Kabinen auf. Dort konnten die ankommenden

Kunden ihre Beschwerden, Anregungen und Wünsche durch eine Bandaufnahme kundtun. Die Bänder wurden von Servicemitarbeitern der Fluggesellschaft regelmäßig ausgewertet und bei Bedarf beantwortet (vgl. Hart et al. 1991, S. 131).

Unternehmen sollten neben den aufgeführten Beschwerdeprozesses ebenfalls das Prinzip des Complaint-Ownerships (Beschwerdeeigner) implementieren. Dabei ist der Mitarbeiter, der die Beschwerde des Kunden entgegennimmt, auch für dessen Bearbeitung und Klärung verantwortlich (vgl. Stauss und Seidel 2007, S. 142). Der Vorteil liegt in einer gezielteren Bearbeitung der Beschwerde, zudem hat der Kunde somit immer den gleichen Ansprechpartner. Jedoch muss berücksichtigt werden, ob der Mitarbeiter die Kompetenzen für die Problemlösung aufweist oder ob die Beschwerde an einen anderen endgültigen Complaint-Owner weitergegeben werden muss.

Zur Feststellung des Erfolgs eines aktiven Beschwerdemanagements ist es grundlegend, eine Kosten-Nutzen-Analyse durchzuführen. Das bedeutet, dass alle Kostenkategorien den Nutzenkategorien gegenübergestellt werden. Hierbei sollte der Nutzenaspekt größer als der Kostenaspekt sein, um ein ökonomisch wertvolles Beschwerdemanagement durchzuführen. In Abb. 6.2 werden Kosten und Nutzen im Beschwerdemanagement veranschaulicht (vgl. Bruhn 2012, S. 166 f.).

Abb. 6.2 Kosten- und Nutzenkategorien des Beschwerdemanagements. (Quelle: in Anlehnung an Bruhn 2012, S. 167)

Werden die fünf Schritte des Beschwerdemanagements systematisch sowie zielgerichtet durchgeführt, werden die Nutzenkategorien die Kostenkategorien übersteigen. Unzufriedene Kunden werden dementsprechend zufrieden gestimmt. Demnach trägt ein ausgereiftes Beschwerdemanagement zur Prävention von Kundenabwanderung bei.

Literatur

Braunmüller, B., & Hamele, T. (2009). Kundenloyalitätsmanagement bei Banken. In J. Link & F. Seidl (Hrsg.), *Kundenabwanderung. Früherkennung, Prävention, Kundenrückgewinnung. Mit erfolgreichen Praxisbeispielen aus verschiedenen Branchen* (S. 255–267). Wiesbaden: Gabler.

Bruhn, M. (2009). Das Konzept der kundenorientierten Unternehmensführung. In H. Hinterhuber & K. Matzler (Hrsg.), *Kundenorientierte Unternehmensführung. Kundenorientierung – Kundenzufriedenheit – Kundenbindung* (S. 33–68). Wiesbaden: Gabler.

Bruhn, M. (2012). *Kundenorientierung. Bausteine für ein exzellentes Relationship Management (CRM)*. München: Deutscher Taschenbuch Verlag.

Hart, C., Heskett, J., & Sasser, W. E. (1991). Wie Sie aus Pannen Profit ziehen. *Harvard Manager, 13*(1), 128–136.

Heinemann, G. (2013). *No-Line-Handel: Höchste Evolutionsstufe im Multi-Channeling*. Wiesbaden: Springer Gabler.

Homburg, C., & Fürst, A. (2010). Überblick über die Messung von Kundenzufriedenheit und Kundenbindung. In M. Bruhn & C. Homburg (Hrsg.), *Handbuch Kundenbindungsmanagement. Strategien und Instrumente für ein erfolgreiches CRM* (S. 505–527). Wiesbaden: Gabler.

Köhler, T. (2009). Präventionsmaßnahmen des Beschwerdemanagements gegen Kundenabwanderung. Die Beschwerdeabteilung als wirksames Churn-Management. In J. Link & F. Seidl (Hrsg.), *Kundenabwanderung. Früherkennung, Prävention, Kundenrückgewinnung. Mit erfolgreichen Praxisbeispielen aus verschiedenen Branchen* (S. 313–329). Wiesbaden: Gabler.

Krafft, M., & Götz, O. (2006). Der Zusammenhang zwischen Kundennähe, Kundenzufriedenheit und Kundenbindung sowie deren Erfolgswirkungen. In H. Hippner & K. D. Wilde (Hrsg.), *Grundlagen des CRM – Konzepte und Gestaltung* (S. 325–356). Wiesbaden: Gabler.

Lufthansa AG. (o. J.). Programm. Lufthansa. http://www.miles-and-more.com/online/portal/mam/de/program?l=de&cid=18002. Zugegriffen: 30. Juli 2013.

Mann, A. (2009). Kundenrückgewinnung und Dialogmarketing. In J. Link & F. Seidl (Hrsg.), *Kundenabwanderung. Früherkennung, Prävention, Kundenrückgewinnung. Mit erfolgreichen Praxisbeispielen aus verschiedenen Branchen* (S. 165–176). Wiesbaden: Gabler.

Mercedes-Benz. (o. J.). Die ServiceMercedesCard mit Full Service Leistungen. http://www.mercedes-benz.de/content/germany/mpc/mpc_germany_website/de/home_mpc/trucks_/home/services_accessories/service/service_card_full_service.html. Zugegriffen: 30. Juli 2013.

Meyer, A., & Schneider, D. (2002). Loyalitätsprogramme im internationalen Vergleich. In D. Ahlert, J. Becker, R. Knackstedt, & M. Wunderlich (Hrsg.), *Customer Relationship Management im Handel. Strategien, Erfahrungen, Konzepte* (S. 309–318). Berlin: Springer.

Michalski, S. (2002). *Kundenabwanderungs- und Kundenrückgewinnungsprozesse: eine theoretische und empirische Untersuchung am Beispiel von Banken.* Wiesbaden: Gabler.

Michalski, S. (2006). Kündigungspräventionsmanagement. In H. Hippner & K. D. Wilde (Hrsg.), *Grundlagen des CRM. Konzepte und Gestaltung* (S. 585–604). Wiesbaden: Gabler.

Rauchut, A. T. (2009). Churn Management bei der Deutschen Telekom. In J. Link & F. Seidl (Hrsg.), *Kundenabwanderung. Früherkennung, Prävention, Kundenrückgewinnung. Mit erfolgreichen Praxisbeispielen aus verschiedenen Branchen* (S. 269–290). Wiesbaden: Gabler.

SAP. (o. J.a). Abwanderungsanalyse. http://help.sap.com/saphelp_dimp50/helpdata/DE/a1/e816b98e0f3a4c8681154ffdd91f42/content.htm. Zugegriffen: 9. Juli 2013.

SAP. (o. J.b). Kundenwertindex. http://help.sap.com/saphelp_erp2004/helpdata/de/0a/fc78ebbd043142a1ef9f9653ba5517/content.htm. Zugegriffen: 9. Juli 2013.

SAP. (o. J.c). Wert-Churn-Index. http://help.sap.com/saphelp_erp2004/helpdata/de/7a/a9eb7215d20b4590339b3d06847be1/content.htm. Zugegriffen: 9. Juli 2013.

Schüller, A. M. (2007). *Come Back. Wie Sie verlorene Kunden zurückgewinnen.* Zürich: Orell Füssli.

Seidl, F. (2009). Customer Recovery und Controlling. In J. Link & F. Seidl (Hrsg.), *Kundenabwanderung. Früherkennung, Prävention, Kundenrückgewinnung. Mit erfolgreichen Praxisbeispielen aus verschiedenen Branchen* (S. 5–34). Wiesbaden: Gabler.

Stauss, B. (o. J.). *Beschwerdemanagement.* In Springer Gabler Verlag (Hrsg.), *Gabler Wirtschaftslexikon.* http://wirtschaftslexikon.gabler.de/Archiv/2659/beschwerdemanagement-v12.html. Zugegriffen: 13. Juli 2013.

Stauss, B., & Seidel, W. (2007). *Beschwerdemanagement. Unzufriedene Kunden als profitable Zielgruppe.* München: Carl Hanser.

Fazit

7

Das Ziel des vorliegenden Buches war es, einen generellen Überblick über das Thema KRM zu geben sowie das Verständnis über den Prozess der Rückgewinnung und dessen systematischen Ablauf zu fördern. Ebenso wurde angestrebt, die Notwendigkeit und den Implementierungsbedarf von KRM aufzudecken. Des Weiteren galt es, personalpolitische Aspekte und Voraussetzungen in Bezug auf das KRM zu ergründen.

Es konnte ermittelt werden, dass eine Kundenbindung als Garantie für Unternehmenserfolg betrachtet werden kann. Der ökonomische Erfolg stellt sich dabei über eine Wirkungskette ein. Mit einer kundenorientierten Unternehmensausrichtung entfaltet sich über die Phasen der Kundenzufriedenheit und Kundenloyalität bis hin zur Kundenbindung ein ökonomischer Erfolg.

Das Kundenbindungsmanagement reicht heutzutage jedoch nicht mehr aus, um einen kontinuierlichen Unternehmenserfolg zu verzeichnen. Dies ist unter anderem auf die weitreichend gesättigten Märkte und auf das Variety-Seeking der Kunden zurückzuführen. Folglich ist eine Neukundenakquirierung, die die Kosten der KR durchaus übersteigt, häufig nur durch das Abwerben der Konkurrenz möglich. Aufgrund der aufgeführten Tatsachen ist für viele Unternehmen die Notwendigkeit gestiegen, sich mit der Gruppe der abgewanderten Kunden auseinanderzusetzen und diese mit Hilfe eines systematischen KRM wiederzugewinnen.

Der Prozess der Rückgewinnung lässt sich in verschiedene Phasen untergliedern. Dabei beinhaltet jede dieser Phasen zielgerichtete Hintergründe und Aktivitäten, um abgewanderte Kunden zurückzugewinnen. Der Prozess beginnt mit der Identifikation der abgewanderten Kunden. Es wird angestrebt, diese mittels verschiedener Methoden zurückzugewinnen. Dabei können Art und Umfang der

© Springer Fachmedien Wiesbaden 2015
M. Neu, J. Günter, *Erfolgreiche Kundenrückgewinnung,*
DOI 10.1007/978-3-658-04807-5_7

Rückgewinnungsaktivitäten unter Berücksichtigung des Kundenwerts variieren. Die Wiedergewinnung der Kunden erweist sich als sinnvoll, wenn diese für das Unternehmen lukrativ sind und ein Interesse an der Geschäftsbeziehung aufweisen. Bei dem Versuch, abgewanderte Kunden erneut für das Unternehmen zu begeistern, ist auf den Zeitpunkt der Kontaktaufnahme zu achten. Es kann zwischen einer mittelbaren und unmittelbaren Kontaktaufnahme differenziert werden. Der Rückgewinnungsprozess schließt mit der Ermittlung des Rückgewinnungserfolgs und der Wiedereingliederung der zurückgewonnenen Kunden ab.

Neben der KR und dem Erhalt der Geschäftsbeziehung bietet das KRM mit Hilfe einer korrekten Verarbeitung des Rückgewinnungswissens die Chance für interne Prozessverbesserungen. Durch die Auseinandersetzung mit abgewanderten Kunden erhält das Unternehmen wichtige Informationen. Darüber hinaus kann das Unternehmen konkreten und kundenorientierten Veränderungsbedarf feststellen. Demnach können nicht nur Potenziale weitreichend genutzt und Gewinne gesteigert werden, sondern auch eine negative Mund-zu-Mund-Kommunikation verhindert bzw. eingedämmt werden.

Trotz dieses vielversprechenden Hintergrunds und der umfangreichen Erfolgspotenziale hat sich eine systematische KR bisher noch nicht weitreichend in der Unternehmenspraxis etabliert. Ein Grund dafür stellen die vermeintlich aufwändigen sowie kostenintensiven strukturellen, kulturellen und informationstechnischen Voraussetzungen innerhalb der Organisation dar. Unternehmen haben dabei nicht in Betracht gezogen, dass ein vorhandenes Beschwerdemanagement, welches gleichzeitig zur Kündigungsprävention dient, bereits bei der Umsetzung eines Rückgewinnungsmanagements hilfreich ist. Insbesondere der Erfahrungsschatz bei der Dialogführung, die Aktivitäten und Angebote der Wiedergutmachung des Beschwerdeanliegens sowie die Auswertung der im Rahmen des Beschwerdemanagements gewonnenen Informationen können für die Etablierung eines KRM genutzt werden. Folglich werden durch das Beschwerdemanagement Synergieeffekte freigesetzt und Investitionskosten für ein systematisches KRM eingedämmt. Für eine erfolgreiche Umsetzung eines KRM bedarf es einer offenen Unternehmenskultur, bei der eine hohe und selbstkritische Konfliktbereitschaft sowie eine Fehlertoleranz herrschen. Ebenso sind ein Data-Warehouse und ein Data-Mining mit entsprechenden analytischen Anwendungen unabdingbar, um eine Rückkopplung zwischen den KRM-relevanten Sektoren zu gewährleisten.

Die Profitabilität eines systematischen KRM konnte bereits bewiesen werden. Dabei liegt die Betonung auf der Profitabilität einer systematischen KR. Ein unprofessionelles sowie unsystematisches Vorgehen beinhaltet umfangreiche Risiken, die sich negativ auf den Unternehmenserfolg auswirken können. Wenn Kunden sich bspw. bedrängt und missverstanden fühlen, besteht keine Basis, um sie erneut für das Unternehmen zu begeistern. Ein Nährboden für das Weitertragen von negativen Referenzen könnte dadurch auch geschaffen werden.

Es lassen sich demnach folgende Handlungsempfehlungen ableiten:

1. **Bitte entwickeln Sie ein langfristiges Konzept, in dem Sie Ihre übergeordneten Ziele und Umsetzungsstrategien des KRM festhalten.** Hier einige mögliche Ziele:
   - Sichern Sie die potenziellen zukünftigen Umsätze und Gewinne durch Wiederaufnahme der Geschäftsbeziehung.
   - Vermeiden Sie Akquisitionskosten zum Ersatz abgewanderter Kunden.
   - Reduzieren Sie negative Mund-zu-Mund-Kommunikation.
   - Beseitigen Sie Mängel in der Leistungserstellung und reduzieren Sie Fehlerkosten.
   - Kümmern Sie sich um eine kundenorientierte Verbesserung des Leistungsangebots.

2. **Erarbeiten Sie einen systematischen Prozess zur effektiven sowie effizienten Bearbeitung Ihrer Kündiger.**
   1. **Rückgewinnungsanalyse**
      - Analysieren Sie den Wert Ihrer Kunden (Kundenwertanalyse).
      - Analysieren Sie die Kündigungsgründe.
      - Versuchen Sie, die verlorenen Kunden zu segmentieren.
   2. **Rückgewinnungsaktivitäten**
      - Suchen Sie einen kundenindividuellen und erfolgreichen Weg zur Kundenansprache. Achten Sie dabei je nach Kundengruppe (Zieltyp) auch auf das richtige Timing zur Kontaktaufnahme.
      - Unterbreiten Sie Ihrem Kunden ein individuelles Rückgewinnungsangebot. Generell sollten Sie bei der Bestimmung der Rückgewinnungsangebote darauf achten, dass diese nicht ausschließlich monetär geprägt sind und den Kundenwert keinesfalls übersteigen. Außerdem ist es empfehlenswert, Frühwarnsysteme zu etablieren, um Kundenabwanderungen vorzeitig entgegenzuwirken.
   3. **Rückgewinnungscontrolling**
      - Ermitteln Sie bitte die Erfolgsquoten der von Ihnen durchgeführten Maßnahmen.
      - Berechnen Sie bitte die Kosten für die Rückgewinnung und stellen Sie den Nutzen der Rückgewinnung gegenüber.

Schlussendlich bleibt festzuhalten, dass das Potenzial des KRM von einer stetig wachsenden Anzahl an Unternehmen erkannt wird. Jene Betriebe, die bereits ein ausgereiftes KRM korrekt anwenden, genießen aktuell einen Wettbewerbsvorteil. Dennoch muss die Forschung in diesem Gebiet weiterhin vorangetrieben werden, um Einflussgrößen und Erfolgsauswirkungen grundlegend zu ermitteln.

Anhang: Beispiel zur Berechnung eines CLV

$$CLV = A_0 + \sum_{t_1=0}^{e} U_{t_1} - K_{t_1} / (1+i)^{t_1} + \sum_{t_2=e^+}^{n} U_{t_2} - K_{t_2} / (1+i)^{t_2} + (CS_t) / (1+i)^{t_2}$$

Legende

A = Anfangsinvestition zur Kundengewinnung im Zeitpunkt $t=0$
U = Kundenbezogener Umsatz
K = Kundenbezogene Kosten
i   = Zinssatz der Investition
t_1 = Dauer der ersten Kundenbeziehung in Jahren
t_2 = Vermutliche Dauer der reaktivierten Kundenbeziehung in Jahren
e = Zeitpunkt der vertraglichen Kündigung/Abwanderungszeitpunkt
e^+ = Zeitpunkt der Wiederaufnahme der beendeten Beziehung
n = Geschätzte Gesamtdauer der Kundenbeziehung
CS = Cross-Selling-Potenzial

Die dargestellte Formel zum CLV setzt sich bei genauerer Betrachtung aus zwei Teilen zusammen. Der zu ermittelnde Kundenwert besteht einerseits aus den vergangenheitsbezogenen Kriterien einer beendeten Beziehung und andererseits aus den zukunftsbezogenen Kriterien einer reaktivierten Beziehung. Anhand des folgenden Beispiels wird der detaillierte Rechenweg des CLV aufgezeigt.

Beispiel: Rechenweg des CLV Der herangezogene Zinssatz beträgt $i=10\%$. Des Weiteren liegt eine Anfangsinvestition in Höhe von $A=20.000$ € vor. Die kundenbezogenen Umsätze und Kosten pro Jahr sind der Tab. 1 zu entnehmen. Der

© Springer Fachmedien Wiesbaden 2015
M. Neu, J. Günter, *Erfolgreiche Kundenrückgewinnung*,
DOI 10.1007/978-3-658-04807-5

Tab. 1 Kundenbezogene Umsätze und Kosten pro Jahr

Jahr	0	1	2	3
Anfangsinvestition	20.000			
Kundenbezogener Umsatz (t₁)		10.000	9000	9500
Kundenbezogene Kosten(t t₁)		5000	5000	5500
Abzinsungsfaktor		0,91	0,83	0,75
CLV		4550	3320	3000

Tab. 2 Zukunftsbezogene Umsätze und Kosten pro Jahr

Jahr	4	5
Kundenbezogener Umsatz (t₂)	12.000	12.500
Kundenbezogene Kosten (t₂)	7000	7000
Cross-Selling-Potenzial	1000	1500
Abzinsungsfaktor	0,68	0,62
CLV	4080	4340

zur Rechnung des CLV notwendige Abzinsungsfaktor ergibt sich aus folgender Zwischenrechnung:

$$Abzinsungsfaktor = \left(\frac{1}{1+i}\right)^{n}$$

Um nun den vergangenheitsbezogenen Teil des CLV zu errechnen, werden die Ergebnisse der Jahre eins bis drei folgendermaßen addiert:

$$20.000 + \big((10.000 - 5.000) * 0,91\big) + \big((9.000 - 5.000) * 0,83\big)$$
$$+ \big((9.500 - 5.500) * 0,75\big) = 30.870 \text{ €}$$

Im folgenden Abschnitt wird der zukunftsbezogene Teil des CLV dargestellt (siehe auch Tab. 2).

Die Ermittlung des zukunftsorientierten Werts erfolgt ebenfalls mit dem zuvor aufgeführten Rechenweg. Es sind jedoch keine Anfangsinvestitionen zu berücksichtigen, da es sich um eine KR und keine Neukundenakquisition handelt. Zudem stellt sich ein Cross-Selling-Potenzial ein, dessen Wert nun Berücksichtigung findet.

$$\big((12.000 - 7.000 + 1.000) * 0,68\big) + \big((12.500 - 7.000 + 1.500) * 0,62\big) = 8.420 \text{ €}$$

Im Rahmen des letzten Schritts – zur Ermittlung des endgültigen CLV – werden die beiden Teilgrößen summiert.

$$30.870 + 8.420 = 39.290 \text{ €}$$

Es ergibt sich also ein CLV von 39.290 €.

The manufacturer's authorised representative in the EU is Springer
Nature Customer Service Centre GmbH, Europaplatz 3, 69115 Heidelberg,
Germany. If you have any concerns regarding our products, please
contact ProductSafety@springernature.com

Printed and bound by CPI Group (UK) Ltd, Croydon, CR0 4YY
27/04/2026
02097603-0004